Wim Decock, Christiane Birr

Recht und Moral in der Scholastik der Frühen Neuzeit 1500–1750

methodica – Einführungen in die rechtshistorische Forschung

Herausgegeben von
Thomas Duve, Caspar Ehlers und Christoph H. F. Meyer

Band 1

Wim Decock, Christiane Birr

Recht und Moral in der Scholastik der Frühen Neuzeit 1500–1750

—

DE GRUYTER
OLDENBOURG

ISBN 978-3-11-037967-9
e-ISBN (PDF) 978-3-11-037968-6
e-ISBN (EPUB) 978-3-11-039668-3

Library of Congress Cataloging-in-Publication Data
A CIP catalog record for this book has been applied for at the Library of Congress.

Bibliografische Information der Deutschen Nationalbibliothek
Die Deutsche Nationalbibliothek verzeichnet diese Publikation in der Deutschen
Nationalbibliografie; detaillierte bibliografische Daten sind im Internet über
http://dnb.dnb.de abrufbar.

© 2016 Walter de Gruyter GmbH, Berlin/Boston
Titelbild: Juan de Salas, De Legibus in Primam Secundae Sancti Thomae, Opus non solum theologis
moralibus sed etiam iuris utriusque consultis pernecessarium, Lugduni, Sumptibus Laurentii Durand,
1611.
Satz: le-tex publishing services GmbH, Leipzig
Druck und Bindung: CPI books GmbH, Leck
♾ Gedruckt auf säurefreiem Papier
Printed in Germany

www.degruyter.com

Vorwort der Herausgeber

Einführungen in die Rechtsgeschichte und ihre Teilbereiche gibt es einige. Sie sind nicht selten mit Blick auf Vorlesungen verfasst. Ihre Aufgabe ist es, Ergebnisse der Forschung zusammenzufassen. Sie versuchen, ein Gesamtbild zu zeichnen und müssen dazu notwendigerweise auf Vertiefung verzichten. Nur selten können sie praktische Hinweise geben, über Hilfsmittel informieren oder Anleitungen zum Umgang mit konkreten Quellen bieten. Die Reihe *methodica – Einführungen in die rechtshistorische Forschung* hat ein anderes Ziel. Sie richtet sich gerade an diejenigen, die auf der Grundlage des Forschungsstandes selbst als Studierende, als Lehrende oder als Forschende weiterarbeiten möchten. Sie versucht deswegen erst gar nicht, das Universum der Rechtsgeschichte vollständig abzubilden. Vielmehr werden Schlaglichter auf unterschiedlich dimensionierte Forschungsfelder geworfen. Einige Bände widmen sich langen Zeiträumen und historischen Großregionen, andere stellen spezifische Themen in den Mittelpunkt oder beschränken sich bewusst auf einen Moment in der Geschichte. Der Zuschnitt folgt der Logik der Forschungspraxis. Die Bände sind verfasst von Wissenschaftlerinnen und Wissenschaftlern, die in dieser Praxis stehen. Gemeinsam ist allen Bänden das Ziel, in einen bestimmten Bereich einzuführen und grundlegende Informationen über Quellen, Hilfsmittel, Forschungstraditionen und wichtige Literatur zu geben. Diesem Ziel dient auch der einheitliche Aufbau: Auf die Einleitung und einen historiographischen Überblick folgen eine Einführung in Quellen und Hilfsmittel, in Methoden und wichtige Forschungsfragen sowie eine ausführliche Bibliographie.

Die Reihe antwortet damit auf ein nach unserem Eindruck steigendes Bedürfnis nach solchen praktischen Anleitungen, denn das Interesse an der Rechtsgeschichte ist in den letzten beiden Jahrzehnten enorm gestiegen. In der allgemeinen Geschichtswissenschaft ist die Bedeutung des Rechts als eines gesellschaftlichen Teilsystems und Sinnproduzenten wieder stärker anerkannt, Sozial- und Kulturwissenschaften sind zunehmend interessiert an unterschiedlichen Formen von Normativität, an Regelungskollektiven und den von diesen produzierten Regelungsregimen. Theologie, Philosophie, Religionswissenschaften und Anthropologie fragen nach der Geschichte normativer Systeme und ihrem Verhältnis zum (staatlichen) Recht. Auch in der Rechtswissenschaft selbst wird eine historische Perspektive als Erkenntnismittel genutzt. Weitab der klassischen Bezugsfelder rechtshistorischer Forschung etwa im Privatrecht integriert heute eine steigende Zahl der kreativsten Rechtswissenschaftlerinnen und Rechtswissenschaftler historische Perspektiven in ihre Analysen. Die grundlegenden Transformationen, denen sich unsere Gesellschaften und ihr Recht mit der Globalisierung und Digitalisierung ausgesetzt sehen, haben sicherlich zu dieser Entwicklung beigetragen. Die Rechtsgeschichte erfährt daher immer mehr

Interesse aus unterschiedlichen Fachtraditionen und nicht zuletzt aus Regionen, mit denen die deutsche Rechtsgeschichtswissenschaft bislang nur wenig Austausch hatte: Asien, die islamischen Welten, Nord- und Südamerika. Diese internationale und interdisziplinäre Aufmerksamkeit hat angesichts einer institutionell schwächeren Präsenz der Rechtsgeschichte an den juristischen Fakultäten im deutschsprachigen Raum aber auch dazu geführt, dass ein großer Bedarf an methodischen Einführungen zur Rechtsgeschichte besteht, der bislang nicht angemessen befriedigt wurde. Wichtige Forschungstraditionen gerade der deutschsprachigen Rechtsgeschichte bleiben häufig unberücksichtigt. In dieser Situation schien uns eine Reihe wie die hier begonnene besonders wichtig. Die Idee zu *methodica* ist im Max-Planck-Institut für europäische Rechtsgeschichte entstanden, viele Bände werden von Mitarbeiterinnen und Mitarbeitern des Instituts verfasst. Wir hoffen, dass sie dabei helfen, die faszinierenden Geschichten des Rechts besser zu verstehen und fortzuschreiben.

Thomas Duve – Caspar Ehlers – Christoph H.F. Meyer
April 2016
Frankfurt am Main

Vorwort

„Recht und Gerechtigkeit juristisch-theologisch behandelt" (*Jus et justitia juridico-theologice tractata*) lautet der Titel eines 1697 vom deutschen Theologen und Rechtsgelehrten Augustinus Michel verfassten Bandes, der auf 750 Seiten in die Grundlagen des Rechts einführen will, und zwar zur Erläuterung sowohl praktischer Rechtsstreitigkeiten als auch der römischrechtlichen Fundamente des kanonischen Rechts. Es gibt in der Frühen Neuzeit unzählige Werke wie jenes von Michel, Professor am oberbayerischen Stift Ünderstorff. Sie tragen Titel wie „Kontroverse über Gerechtigkeit und Recht, Verträge und Handel", „Disputationen über Gesetze, Sünde und die Vorschriften des Dekalogs" oder „Goldene Lösungen von Gewissensfällen" – manchmal bleiben ihre juristischen Inhalte aber auch hinter allgemeinen Titeln wie „Universelle Moraltheologie", „Kommentar zur *Secunda Secundae* des Thomas Aquinas" oder „Traktat über die menschlichen Handlungen nach Duns Scotus" versteckt. Sie wendeten sich mehr oder weniger explizit an Anwälte, Fürsten, Geschäftsleute, Kirchenmänner, Rechtsgelehrte, Richter, Seelsorger, Theologen und andere Eliten, die sich über die Versöhnung von weltlichem Recht, göttlichem Recht und Naturrecht in Praxis und Theorie Gedanken machten. Sie bieten einen einzigartigen Einblick in die enge Verknüpfung von Recht und Moral in der scholastischen Wissenschaftskultur, die in der Normativitätsforschung der letzten Jahrzehnte zunehmend auf großes Interesse stößt; nicht nur bei Juristen, insbesondere Rechtshistorikern, sondern auch bei Philosophen, Theologen und Wirtschaftswissenschaftlern.

Doch wer sich in diese Literatur an der Schnittstelle von Recht, Theologie und Moral einlesen will, verzweifelt oft schon an der reinen Fülle des Quellenmaterials, wie bereits vor zwei Jahrhunderten der evangelisch-lutherische Theologe Karl Friedrich Städlin in seiner „Geschichte der christlichen Moral" zu Recht bemerkte (1808, 441). Hinzu kommt, dass die Sekundärliteratur über viele Fachgebiete zerstreut ist, so dass es einer Einführung bedarf, die den Lesern dabei hilft, die Grenzen zwischen verschiedenartigen Forschungstraditionen zu überwinden und sich einen Überblick über die Quellen zu verschaffen. Dementsprechend will der vorliegende Band vor allem Wegweiser zu einer eigenständigen Erforschung der Quellen und kritischen Auswertung der Sekundärliteratur sein und, dem Anliegen der Reihe *methodica – Einführungen in die rechtshistorische Forschung* gemäß, Wege der Forschung aufzeigen, anstatt eine persönliche Auslegung des Quellenmaterials aufzudrängen. Darüber hinaus soll diese Einführung aber auch über den bestehenden Wissensstand hinausgehen: Sie stellt nicht nur die herkömmlichen Forschungstraditionen vor, sondern legt auch explizit Forschungslücken offen und enthüllt bisher kaum beachtete Primärquellen.

Der vorliegende Band ist gewissermaßen unvollständig. Er wird seinen größten Nutzen beweisen, indem er im Zusammenhang mit dem *methodica*-Band über die

„Schule von Salamanca" – derzeit in Vorbereitung – gelesen wird. Grundsätzlich ist er als der allgemeine Rahmen gedacht, in den sich der spanisch-iberoamerikanische Sonderzweig, insbesondere die „Schule von Salamanca", einordnen lässt. Für eine ausführliche Behandlung der spanischen Theologen-Juristen und eine umfangreichere Darstellung der spanisch-iberoamerikanischen Forschungsliteratur verweisen wir also auf den Folgeband (Birr/Decock 2017). Diese Vorgehensweise erschien uns insofern wichtig, als die bestehende Forschungsliteratur sich oft auf die sogenannten „spanischen Spätscholastiker" beschränkt. Folgerichtig ist das breitere Phänomen der Scholastik im europäischen Raum vom 16. bis zur Mitte des 18. Jahrhundert aus dem Blickfeld geraten – wie allein aus der Darstellung des Forschungsstands im dritten Kapitel hervorgeht. Dieser Band möchte neue Forschungsansätze vorschlagen, indem er nun das weitere Umfeld der frühneuzeitlichen scholastischen Literatur über Recht und Moral beleuchtet. Darüber hinaus möchten wir durch Einbeziehung protestantischer Scholastiker und Kasuisten dazu anregen, konfessionsübergreifend zu arbeiten. Wichtige Impulse für diese Horizonterweiterung kamen von Herrn Paolo Astorri. Genauso bereichernd waren die Gespräche mit Dr. Christoph Meyer. Zuletzt konnten wir uns für die formelle Durchsicht des Textes auf Dr. Simon Groth und Herrn Florian Hoppe verlassen. Ihnen danken wir herzlich für die Mitarbeit.

Wim Decock und Christiane Birr
Weihnachten 2015
Löwen/Frankfurt a. M.

Inhalt

Teil 3: Probleme und Perspektiven der Forschung

Teil 4: **Bibliographie und Verzeichnisse**

Teil 1: **Einführung**

1 „Scholastik"

1.1 Im Dienst der Gesellschaft

Als 1532 neuartige Geldgeschäfte die internationalen Kaufleute an der Antwerpener Börse in ihrem traditionellen Verständnis von Moral und Markt erschütterten, insofern dass der Geldhandel der herkömmlichen Wucherlehre widersprach, fassten sie den Entschluss, sich von den scholastischen Theologen der Pariser Universität über die Rechtmäßigkeit der neuen Wechselgeschäfte beraten zu lassen (Grice-Hutchinson 1952, 38). Offenbar hatte sich an den Universitäten ein lebendiges Expertenwissen herausgebildet, aus dem die zeitgenössischen Eliten die intellektuellen Ressourcen schöpfen konnten, um mit den Herausforderungen ihrer Zeit zurechtzukommen. Tatsächlich gehörte es im Spätmittelalter und in der Frühen Neuzeit nicht nur für Kaufmänner und Bankiers, sondern auch für Richter, Fürsten und Beichtväter dazu, sich auf systematischer Basis Sachverstand von scholastisch ausgebildeten Theologen einzuholen. An dieser Stelle darf man getrost ein wenig zuspitzen: Die scholastischen Experten verkörperten in nicht geringem Maße sowohl das Wissen als auch das Gewissen der damaligen europäischen Kultur. Es verwundert daher nicht, dass etwa der portugiesische König João III. 1532 einen aus scholastischen Theologen bestehenden „Gewissensrat" (*Mesa da Consciência*) einrichtete, der ihn zu den moralisch-rechtlichen Aspekten seiner Politik beraten sollte (Marcocci 2014). Das in Texten aufbewahrte Wissen aus Antike, Mittelalter und Früher Neuzeit wurde in *quaestiones, disputationes* und *dubitationes* kritisch auf seinen Wert für die Lösung gegenwärtiger Probleme befragt. Die Meinungsverschiedenheiten, die es dabei zu bewältigen galt, hatten die Theologen der Frühen Neuzeit im Übrigen dazu veranlasst, sich mit fundamentalen erkenntnistheoretischen Fragen, etwa über das Verhältnis von Wahrheit und Meinungspluralismus, zu befassen, wie beispielhaft aus dem Werk des scholastischen Universalgelehrten Juan Caramuel y Lobkowitz (1606–1682), der kirchliche Ämter unter anderem in Wien und Prag innehatte, hervorgeht (Fleming 2006).

> Rechtmäßigkeit der neuen Wechselgeschäfte

> Wissen und Gewissen der europäischen Kultur

1.2 Verdunklung

Sieht man einmal von den lebhaften Argumentationen, den zeitnahen Betrachtungen und den dynamischen Entwicklungen in den scholastischen Quellen ab, so kommt einem der negative Beiklang in den Sinn, mit dem der „Scholastik"-Begriff in der Vergangenheit oft beladen wurde. In der Einführung zum ersten Band seines grundlegenden Werkes zur Geschichte der scholastischen Methode sah sich Martin Grabmann (1857–1949) noch dazu gezwungen, sich ausführlich mit diesem Vorurteil auseinanderzusetzen (Grabmann 1909, 1). In der Tat haben viele Umstände bis in das 20. Jahrhundert hinein zur „Verdunklung" der Scholastik beigetragen. Gewiss hat dabei eine interne Schwäche des Faches, die vor allem in den Epochen nach den Blütezeiten des 13. bzw. des 16. Jahrhunderts bisweilen zu konstatieren ist, eine Rolle gespielt. Folgenreicher allerdings sind die Angriffe von Seiten der Humanisten, Reformatoren und Aufklärer gewesen.

Humanisten

Zum Vorläufer der späteren Humanisten wie Lorenzo Valla (1407–1457), Erasmus von Rotterdam (ca. 1466–1536) und Johannes Reuchlin (1455–1522), die Kritik an der herkömmlichen Philosophie, Theologie und Jurisprudenz übten, wurde Francesco Petrarca (1304–1374). Er wies die für dogmatisch, spracharm und irrelevant gehaltene universitäre Expertenkultur scharf zurück (Kristeller 1956; Overfield 1984; Rummel 1995; Hankins 2007). Die Humanisten teilten mit den späteren Reformatoren eine Vorliebe für Quellenkritik, Laientum und persönliche ethische Bildung, die der spätmittelalterlichen Expertenkultur fehlte.

In seiner Streitschrift aus dem Jahr 1517 gegen die scholastische Theologie, personifiziert durch Gabriel Biel (ca. 1420–1495), lehnte Martin Luther (1483–1546) den Aristotelesfetischismus der Scholastiker zugunsten einer Rückkehr zu den biblischen Quellen der christlichen Ethik ab (Grane 1962).

Aufklärung

Sodann bedurfte es nur noch des Lichts der Aufklärung, um die Scholastik endgültig zu verdunkeln. Der pietistische Naturrechtler Christian Thomasius (1655–1728) etwa wertete die scholastische Tradition als Papstphilosophie und katholischen Aristotelismus ab (Thier 2006). In Frankreich war die Abrechnung mit dem scholastischen Erbe noch vernichtender. In der Enzyklopädie, Symbol der „Lumières" (1751–1772), würdigten Denis Diderot (1713–1784) und Jean le Rond d'Alembert (1717–1783) die im 12. Jahrhundert entstan-

dene „Mischung von kanonischem Recht, Aristotelismus und scholastischer Theologie" als ein immerwährendes Gespenst und eine
Geißel für die menschliche Vernunft herab (Lough 1989, 141 und 253).
Den „alten Krempel" scholastischer Moral und Jurisprudenz müsse
man laut Diderot schnellstmöglich wegwerfen. Sogar innerkirchlich
hinterließ diese aufgeklärte Scholastik-Kritik ihre Spuren (Meyer
2012, 27), wie etwa die Streitschrift des schottischen Benediktiners
Andreas Gordon (1712–1751) gegen die scholastische Philosophie,
1747 an der Universität Erfurt vorgestellt, belegt. Endgültig setzte
sich die antischolastische, antikasuistische und antijuristische Auffassung der Moraltheologie allerdings erst wesentlich später durch.
Sie wurde in der ersten Hälfte des 20. Jahrhunderts von deutschen   Zweites Vatika-
Moraltheologen vorbereitet (Hadrossek 1950; Hirschbrich 1959) und   nisches Konzil
nach dem Zweiten Vatikanischen Konzil (1962–1965) verfestigt (Do-
nahue 2005).

1.3 Universitätslehrer

Vor dem Hintergrund der manchmal pejorativen Verwendung des   Joseph
„Scholastik"-Begriffs hatte der Wirtschaftswissenschaftler Joseph   Schumpeter
Schumpeter (1883–1950) in seiner Geschichte des Ökonomischen
Denkens einmal vorgeschlagen, sich die Scholastiker als die Univer-
sitätsprofessoren, die sie im Alltag gewesen seien, zu vergegenwär-
tigen (Schumpeter 1954, 74). Auf diese Weise könne man sich besser
von den herrschenden Vorurteilen über die Scholastik als abstraktes,
zeitloses und dogmatisches Denksystem befreien und sich etwa der
Summa Theologiae des Thomas von Aquin als einer für Studenten
gedachten Einführung in die akademische Disziplin der Theologie
annähern. In ähnlicher Weise hat Joseph Goering darauf hingewiesen, dass es irreführend sei, die scholastischen Juristen und Theologen vor allem als Dogmatiker zu betrachten. An erster Stelle stehe
ihre Berufung, als Lehrer (*doctores*) Studenten in die Forschungstra-
dition des Rechts bzw. der Theologie einzuführen, und zwar unter
Anführung entgegengesetzter Lehrmeinungen (Goering 2008a, 219).
Im Übrigen galt die Scholastik an den Universitäten nicht nur für   Gängige wis-
Theologen und Juristen als die gängige wissenschaftliche Methode.   senschaftliche
Sie diente auch der Lehre und der rationalen Untersuchung auf den   Methode
Gebieten der Artes liberales, Philosophie und Medizin (Weisheipl
1967; Madiski 1974; Lawn 1993).

1.4 Thomas – Scotus – Rimini

Auch wenn in der Scholastik Autorität weniger Personen als Texten zukam (Schönberger 1991, 104), wurde in der Folgezeit immer wieder auf drei Professoren Bezug genommen: den Dominikaner Thomas von Aquin (1225–1274) (Kennedy 1912; Kretzmann/Stump Hg. 1993; Zimmermann 2000), den Franziskaner Johannes Duns Scotus (ca. 1265–1308) (Minges 1912; Williams Hg. 2003; Hoffmann Ed./Übers. 2012) und den Augustiner-Eremiten Gregor von Rimini (ca. 1300–1358) (Oberman Hg. 1981; Schnabel 2010). An dieser Stelle kann auf die komplexen Unterschiede in den Auffassungen dieser *doctores* nicht eingegangen werden, aber allgemein mag der Intellektualismus des Thomas im Gegensatz zum Voluntarismus des Scotus hervorgehoben werden. Diese Grundpositionen haben zu abweichenden Auffassungen in Kernbereichen der Rechtsphilosophie geführt, etwa hinsichtlich der Frage, woher die verbindliche Kraft von Gesetzen rührt (Fidora/Lutz-Bachmann/Wagner Hg. 2010). Vereinfacht könnte man behaupten, diese Kraft beruht nach Thomas letztendlich auf der Vernunft, während Scotus den Willen als Ursprung der *obligatio* betrachtet.

Intellektualismus und Voluntarismus

Neben diesem „alten Weg" (*via antiqua*), zu dem Thomas und Scotus gerechnet werden, entstand im Verlauf des 14. Jahrhunderts ein „neuer Weg" (*via moderna*) (Hoenen 2003). In der Frühen Neuzeit wurde er vor allem mit Gregor von Rimini in Verbindung gebracht. Tatsächlich setzte sich Rimini (oft auch als Ariminensis bezeichnet) als einer der ersten mit den nominalistischen Auffassungen von Wilhelm von Ockham auseinander, der durch Betonung des zufälligen Charakters menschlicher Begriffe einen bedeutenden Einfluss auf die frühneuzeitlichen Scholastiker übte. Rimini wollte allerdings die Exzesse der Nominalisten vermeiden, indem er beispielsweise die Moral unabhängig von Gottes Willen konzipierte. Somit entstand das berühmte *etiamsi daremus*-Argument (Mandrella Ed./Übers. 2010, 32).

Etiamsi daremus-Argument

Insgesamt ist für den vorliegenden Band wichtig, dass die Texte von Thomas, Scotus und Rimini in der Frühen Neuzeit Referenzcharakter hatten. Um nur ein Beispiel zu nennen, kann auf die „Kontroversen" des belgischen Augustiner-Eremiten Fulgence Schautheet (1623–1708) verwiesen werden: In seinen *Controversiae philosophicae inter scholasticorum principes Divum Thomam, Joannem Scotum et Gregorium Ariminensem* (Antwerpen 1660) stellte er die Unterschiede in den Positionen von Thomas, Scotus und Rimini bezüglich bestimmter Themen vergleichend dar.

1.5 Denken am Text

Neben ihrem schulmäßigen Charakter wird das „Denken am Text" als Hauptmerkmal der scholastischen Methode betrachtet (de Rijk 1981, 108–135; Schönberger 1991, 83–87; Leinsle 1995, 9–12). Im Bereich des kanonischen Rechts galt seit Mitte des 12. Jahrhunderts das *Decretum Gratiani* als Referenztext für den Unterricht (Larson 2014), während den Vorlesungen der weltlichen Juristen, auch Legisten genannt, hauptsächlich die vom römischen Kaiser Justinian überlieferten Tex-te (482–565) zugrunde lagen (Conte 2009; Gordley 2013, 28–81). Den Theologen galten die *Sentenzen* Peter Lombards (ca. 1095–1160) als autoritativer Ausgangstext (Rosemann 2002/2010/2015), bis sie zu Beginn des 16. Jahrhunderts durch Thomas von Aquins *Summa Theologiae* abgelöst wurden. Die Schriften des griechischen Universal-gelehrten Aristoteles (384–322 v.Chr.), oft nach seinem Geburtsort Stageira als „der Stagirit" benannt, galten über die Jahrhunderte hin-weg als gemeinsame Grundlage der scholastischen Wissenschafts-kultur (Lohr 1982; Errera 2007; Blum 2012), ohne die parallele Exis-tenz neo-platonischer Strömungen an spätmittelalterlichen Universi-täten und Klöstern auszuschließen (Decorte 2006). An diesen Texten entzündeten sich die typisch scholastischen Fragestellungen, unter ihren Lateinischen Bezeichnungen besser bekannt als *quaestiones*, *dubitationes* oder *disputationes* (Gindhart/Kundert Hg. 2010; Weijers 2014).

Thomas von Aquins Summa Theologiae

Quaestiones, dubitationes oder disputationes

1.6 Fragestellung, Dialog, Erkenntnis

Kennzeichnend für die Argumentationsweise in diesen scholasti-schen Fragestellungen ist, dass man – nach einer Sentenz Peter Abélards (1079–1142) – „durch Zweifeln (*dubitatio*) zum Hinterfragen (*inquisitio*) kommt, und durch das Hinterfragen die Wahrheit (*veri-tas*) erkennt". Der Titel von Abélards Werk *Sic et Non* („Ja und Nein"), aus dessen Prolog letztgenannter Spruch stammt, ist ein Sinnbild für die der Scholastik zugrunde liegende dialektische Rationalität. Ständig wurden mit großem Respekt für die Autorität anderer Ge-

Beide Seiten einer Argumentation

lehrter Gründe für und gegen eine bestimmte Position abgewogen. Diese Dialektik funktionierte nach der Logik eines Dialogs, der beide Seiten einer Argumentation zu Wort kommen lässt. Sie führt zur Befreiung der intellektuellen Neugierde und erlaubt die eingehende, pluralitätsoffene Erforschung aller Aspekte des menschlichen Daseins (Boureau 2008, 15). Somit hat sie wesentlich zur Herausbildung der westlichen Wissenschaftskultur beigetragen (Southern 1995). Die dialektische Argumentationsform kam im westeuropäischen Raum zunächst im Kirchenrecht des 11. Jahrhunderts stark zum Tragen (Van Hove 1946), auch wenn es in Byzanz Vorläufer gab,

Distinktionstechnik

etwa bei Photius von Konstantinopel (ca. 820–891). Die dialektische Vorgehensweise erlaubte es den scholastischen Experten, die kontradiktorischen Meinungen von Autoritäten aus Vergangenheit und Gegenwart durch Begriffsanalyse, logische Textauslegung und die Anwendung der Distinktionstechnik (Meyer 2000) auf ihren wahren Erkenntniswert hin zu testen.

1.7 Argumentationsvorgang

Am dialektischen Aufbau der Denkbewegung lassen sich die scholastischen Texte sofort als solche erkennen. Eine typische *quaestio, dubitatio* oder *disputatio* führte den Studenten zunächst in die Gegenposition ein, bevor der Lehrer die andere Seite beleuchtet. Sodann schlägt er, im Prinzip dieser anderen Seite folgend, seine eigene Antwort auf die Frage vor, und schließt die Denkübung mit der Widerlegung der zu Beginn aufgelisteten Argumente für die Ge-

Paradebeispiel in Thomas von Aquins *Summa Theologiae*

genseite. Ein Paradebeispiel bietet der erste Artikel (*articulus*) der *quaestio* über Darlehen und Zinsen in Thomas von Aquins *Summa Theologiae* (ST, IIa IIae, q. 78, a. 1 – zur Geldlehre des Thomas, s. Wittreck 2002).

Zunächst einmal schickt Thomas dem Artikel die vom Lateinischen *utrum* eingeleitete Frage vorweg, ob es denn eine Sünde sei, als Preis für geliehenes Geld wiederum Geld anzunehmen, d. h. Zinsen zu fordern. Sodann folgen am Anfang des Artikels sieben Argumente für die Meinung, dass dies keine Sünde sei (*videtur quod non*). Sie sind der Bibel und Analogieargumenten entnommen, etwa die Überlegung, dass Zinsen durch weltliche Gesetze nicht untersagt seien. In Übereinstimmung mit dem „*sic et non*"-Prinzip folgt dann knapp die Gegenmeinung (*sed contra*). Die Auffassung, dass die Zinsnahme sündhaft sei, wird mit einem Hinweis auf eine Stelle aus dem Alten Testament (Ex 22, 25) belegt. Erst danach entwickelt Thomas vor dem Hintergrund der beiden antithetischen Argumentationen seine eigene Antwort (*respondeo dicendum quod*). Seiner Meinung nach müsse die Frage nach der Sündhaftigkeit der Zinsnahme affirmativ beantwortet werden. Die Argumente zur Beantwortung dieser moralischen Frage holt Thomas aus dem römischen Recht und der aristotelischen Philosophie – also nicht aus der Bibel, wie es später die Reformatoren fordern würden. Zum Schluss widerlegt Thomas die sieben am Anfang erwähnten Gründe der Gegenmeinung (*ad primum* etc. *dicendum quod*). Er meint etwa, dass die weltlichen Gesetze angesichts der menschlichen Unvollkommenheit und im Interesse des öffentlichen Nutzens bestimmte Praktiken ungestraft lassen dürfen, diese allerdings moralisch sündhaft blieben. Um die Wahrheit zu erkennen, müssten also ständig Unterscheidungen (*distinctiones*) durchgeführt werden.

Interesse des öffentlichen Nutzens

1.8 Dialektiker, Aristoteliker, Scholastiker

In Anbetracht des zentralen Stellenwerts der dialektischen, auf aristotelischer Logik aufbauenden Argumentationsform wundert es kaum, dass die Universitätslehrer vom 11. bis zum 15. Jahrhundert zeitgenössisch nicht durch den Begriff „Scholastiker" (*scholastici*), sondern hauptsächlich durch Termini wie „Dialektiker" (*dialectici*), „Aristoteliker" (*Aristotelici*) oder „Experten-Lehrer" (*doctores*) bezeichnet wurden (Schmidinger 1988, 37). Erst die Humanisten und Reformatoren des frühen 16. Jahrhunderts haben unser heutiges Verständnis von „Scholastik" begründet. Insbesondere die bereits erwähnte Disputation Luthers gegen die scholastische Theologie (*Disputatio contra scholasticam theologiam*) hat den modernen „Scholastik"-Begriff in dreierlei Hinsicht maßgeblich geprägt. Erstens setzte sich die Bezeichnung „Scholastiker" anstelle von „Dialektiker" durch. Zweitens hat Luther, gemeinsam mit Humanisten wie Erasmus, den negativen Beiklang des „Scholastik"-Begriffs bestimmt. Drittens wurde der Begriff *scholastici* auf die spätmittelalterlichen Philosophen und Theologen verengt. Dadurch ist der spätmittelalterliche, dialektisch-methodische Zusammenhang zwischen den akademischen Disziplinen der Jurisprudenz, Medizin, Artes liberales, Philosophie und Theologie aus dem Blickfeld geraten.

Luther gegen die scholastische Theologie

1.9 Scholastik als Methode

Keine klare
Definition

Die frühneuzeitlichen, vornehmlich humanistisch-lutherischen Wurzeln des heutigen „Scholastik"-Begriffs erklären, warum uns die nunmehr als „Scholastiker" bezeichneten Theologen und Philosophen des Spätmittelalters keine klare Definition von „Scholastik" vermittelt haben. Erst in den neo-scholastischen Arbeiten des späten 19. und frühen 20. Jahrhunderts entstand die Annahme, die „Scholastik" sei ein überzeitlich gültiges Denksystem mit statischen Inhalten. Damit einhergehend entstand das Bedürfnis, eine Definition des „Wesens" dieses vermeintlich einheitlichen Wissens darzubieten. Bekannt sind vor allem die Versuche von Grabmann und Maurice De Wulf (1867–1947), zwei neo-scholastischen Philosophiehistorikern, die vermeintlich einheitliche Erscheinungsform „Scholastik" methodisch oder inhaltlich zu definieren (Leinsle 1995, 5–9; Quinto 2001, 330–349). Um den Preis der Ausblendung sowohl scholastischer Denkformen nach der Blütezeit des 13. Jahrhunderts als auch der nicht primär philosophisch oder theologisch arbeitenden Autoren sind diese Definitionsversuche teilweise gelungen. Aufgrund ihrer mangelhaften historisch-kritischen Methode wurden sie aber bald der Kritik ausgesetzt (Kluxen 1988). Schließlich lässt sich „Scholastik" nicht durch eine definitorische Formel fassen (Schönberger 1991, 45). Begriffe wie „Scholastik" und „Neuscholastik" haben im Verlauf der Geschichte Verschiedenes bedeutet (Schmidinger 1988, 23). Deshalb verzichtet der vorliegende Band auf eine eindeutige Definition der „Scholastik", wenngleich er in Einklang mit dem zeitgenössischen Gebrauch des *scholasticus*-Begriffs (s. 2.4) zu einer methodischen Annäherung im Sinne Grabmanns tendiert.

Zeitgenössischer
Gebrauch

2 „Frühe Neuzeit"

2.1 Neuland

Die Fortentwicklung der scholastischen Wissenschaftskultur in den drei Jahrhunderten zwischen Reformation (16. Jh.) und Aufklärung (18. Jh.) hat in der Forschung lange Zeit unter der oben erwähnten Verdunklung des scholastischen Lehr- und Denkbetriebs gelitten. Zur Schließung dieser Forschungslücke bedurfte es in den letzten Jahrzehnten nicht nur der Überwindung des pejorativen Beiklangs des „Scholastik"-Begriffs, sondern auch der Übersteigerung der seit der Neuscholastik am Ende des 19. Jahrhunderts entstandenen Vorliebe für Untersuchungen der angeblich „klassischen" Scholastiker vom 11. bis zum 13. Jahrhundert. Dabei hat es in der Frühen Neuzeit sowohl im inner- als auch im außereuropäischen Raum durchaus eine vielschichtige und dynamische Fortsetzung der Scholastik gegeben (Leinsle 1988; Burns 1991). Von Paris bis Rom, von Salamanca bis Löwen, von Dillingen bis Mexico, von Coïmbra bis Manila: Die auf aristotelischer Dialektik basierende scholastische Lehre und Forschung – vor allem auf den Gebieten der Theologie und Philosophie – wurde an Universitäten in der ganzen Welt wiederbelebt. Insbesondere für Rechtshistoriker stellt die Zeit zwischen ungefähr 1500 und 1750 die Blütezeit der sogenannten „Beichtstuhljurisprudenz" (Bergfeld 1977) oder *jurisprudentia moralis* (Decock 2013, 69) in den theologischen Quellen der frühneuzeitlichen Scholastik dar.

Vielschichtige und dynamische Fortsetzung

2.2 Epochenabgrenzung

Bei aller Vorsicht, die eine Epochenunterscheidung verlangt, lässt diese Einführung in die frühneuzeitliche Scholastik die intensivierte Verknüpfung von Moral und Recht im Jahr 1500 mit der Veröffentlichung des *Opus septipertitum de contractibus* des Tübinger Theologen Conrad Summenhart (ca. 1455–1502) beginnen und im Jahr 1748, als die erste Edition der *Theologia Moralis* des italienischen Juristen und Theologen Alfonso Maria de' Liguori (1696–1787) erschien, enden. Damit wird ihr Gegenstand zeitlich auf die unter Historikern üblicherweise, wenn auch nicht problemlos als „Frühe Neuzeit" gekennzeichnete Epoche zwischen ungefähr 1500 und

Von Conrad Summenhart bis Alfonso Maria de' Liguori

1750 eingegrenzt (Dürr/Engel/Süßmann Hg. 2003). Auf die bereits vorher bestehende und auch nachher weiter diskutierte Verbindung von Recht und Moral in den scholastischen Quellen wird im folgenden Teil knapp einzugehen sein (s. 3). An dieser Stelle gilt es vielmehr, auf eine zusätzliche Begrenzung des Themas hinzuweisen: die räumliche Reichweite. Bislang hat die Sekundärliteratur die Scholastik der Frühen Neuzeit überwiegend aus der Perspektive der Entwicklungen im spanischen Imperium während ihres goldenen Zeitalters, insbesondere in der sogenannten „Schule von Salamanca" des 16. Jahrhunderts, erforscht. Diese Einführung möchte dagegen versuchen, das breitere Umfeld scholastischer Wissenschaftskultur, an dem die spanische Entwicklung Teil gehabt hat, zu beleuchten. Für eine eingehende Besprechung der „Schule von Salamanca" und der Entwicklungen im spanischen bzw. lateinamerikanischen Raum wird auf Birr/Decock 2017 verwiesen.

Räumliche Reichweite

2.3 Benennungen

Vor dem Hintergrund der dauerhaften Anwesenheit scholastischer Denkformen im Verlauf des letzten Jahrtausends erscheint als Etikett der scholastisch arbeitenden Theologen von Summenhart bis Liguori ein Verweis auf die konkret untersuchte Epoche notwendig. In Anlehnung an Ulrich Leinsle bevorzugt diese Einführung deshalb die Bezeichnung „frühneuzeitliche Scholastik" oder „Scholastik der Frühen Neuzeit". Allerdings werden in der Sekundärliteratur viele alternative Namen für die scholastischen Theologen des 16., 17. und 18. Jahrhunderts verwendet. Wenige dieser Begriffe werden ihrem Gegenstand völlig gerecht, so dass sich über die Sprachkulturen hinweg bislang keine allgemein akzeptierte Benennung durchgesetzt hat.

„Frühneuzeitliche Scholastik"

In der deutschsprachigen Literatur sind die Wendungen „spanische Spätscholastiker" und „Schule von Salamanca" geläufig, auch wenn sie zum Fehlschluss führen könnten, die Scholastik der Frühen Neuzeit sei ein rein spanisches Phänomen. „Spätscholastik" mag auch deshalb unglücklich wirken, weil der Begriff die Vermutung nahe legt, die Scholastiker der Frühen Neuzeit kämen nach der Blütezeit des 13. Jahrhunderts irgendwie zu spät. Von manchem Mediävisten wird „Spätscholastik" außerdem als ein Verweis auf die Scholastik des 14. und 15. Jahrhunderts ausgelegt. Genau derselben

„Spanische Spätscholastiker"

Verwirrung unterliegt der aus dem Italienischen stammende Begriff „zweite Scholastik" (*seconda scolastica*, nach Giacon 1944).

In der vorwiegend philosophisch-historisch ausgerichteten Forschung zirkulieren auch die folgenden Namensalternativen: Barockscholastik, Renaissancescholastik, post-tridentinische Scholastik, kontra-reformatorische Scholastik, moderne Scholastik, frühmoderner Aristotelismus, katholischer Aristotelismus und frühneuzeitliches katholisches Naturrecht (Überblicke bei Schmutz 2000; Forlivesi 2006; Novotný 2009). Angesichts der Tatsache, dass es in der Frühen Neuzeit auch protestantische Formen der Scholastik gegeben hat, sind die meisten dieser Begriffe unzulänglich. Gegen „Barockscholastik" sprechen neben dem katholischen Beiklang die potentiell negativen Assoziationen wie Verschrobenheit und Subtilitätssucht. Während die aristotelischen Einflüsse auf die scholastischen Argumentationsformen eine epochenübergreifende Konstante darstellen, gab es auch frühneuzeitliche Kommentartraditionen zu Aristoteles, die nicht unbedingt mit der Scholastik zusammenfielen (Lines 2002). Dementsprechend sind Bezeichnungen wie „frühmoderner Aristotelismus" zu weit, als dass sie den Quellengegenstand dieser Einführung angemessen zu fassen wüssten. Insofern das Naturrecht den normativen Horizont der scholastischen Disputationen bildete, erscheint der Begriff „frühneuzeitliches katholisches Naturrecht" treffender (Jansen 2013). Zugleich muss aber damit gerechnet werden, dass die frühneuzeitliche Anwendung des Naturrechts praktischer und flexibler war, als es die eher spekulativen Naturrechtsdebatten aus den letzten zwei Jahrhunderten nahelegen (Helmholz 2015).

Randnotizen: „Zweite Scholastik" · „Barockscholastik" · „Frühneuzeitliches katholisches Naturrecht"

2.4 Selbstverständnis

Berücksichtigt man die Selbstbeschreibungen der frühneuzeitlichen Theologen, so fällt auf, dass sie in den Vorworten ihrer juristisch-theologischen Traktate ihre Vorgehensweise höchstens als „nach scholastischem Stil" (*stylo scholastico*) oder „nach scholastischer Methode" (*more scholastico/methodo scholastica*) bezeichnen. Indem sie sich explizit als „scholastisch" ausgaben, mögen die frühneuzeitlichen Scholastiker mit Absicht die Kontinuität ihrer Vorgehensweise mit der aus den spätmittelalterlichen Universitäten stammenden Wissenschaftskultur hervorgehoben haben (den Einwänden der Humanisten und Reformatoren zum Trotz).

Randnotiz: „Nach scholastischem Stil" oder „nach scholastischer Methode"

Summenhart beispielsweise empfiehlt seinem Leser im Vorwort des siebenbändiges Traktats über die Verträge, sich nicht darüber zu ärgern, dass die Behandlung des Vertragsrechts nach scholastischem Stil erfolge. Es sei ihm angesichts der Bedeutung der Materie viel wichtiger gewesen, die Thesen, Schlussfolgerungen und Beweisführungen solide und präzise aufzustellen, als eine wohlklingend-elegante Sprache zu verwenden. Seine Absicht sei es nicht, so Summenhart, durch schöne Rhetorik dem Publikum zu gefallen, sondern ihm durch glasklare Sprache den Verstand zu erhellen.

Glasklare Sprache

Ein anderes Beispiel liefert der spanische Theologe Domingo de Soto (1495–1560). Im Vorwort zu seinen zehn Büchern über Gerechtigkeit und Recht (*De iustitia et iure libri decem*) beruhigt er den Leser, er habe dem scholastischen Stil folgend die einzelnen Bücher je in deutliche *quaestiones* und *articuli* untergegliedert. Des Weiteren beziehe er sich auf Vorlesungen, die er an der Salmantiner Universität (*in scholarum cathedris*) bereits über diese Schulmaterie (*res scholastica*) gegeben hätte.

Äußerst knapp ist die Bemerkung des Jesuiten Pedro de Oñate (1568–1646) im Prooemium seines 1646 erschienenen Traktats über die Verträge, er werde die Materie in Übereinstimmung mit der scholastischen Methode (*ad methodum scholasticam*) behandeln. Der bayerische Theologe und Kanonist Eusebius Amort (1692–1775) wurde in der Einführung zum ersten Band seiner 1752 veröffentlichten *Theologia eclectica moralis et scholastica* ein wenig deutlicher, indem er erklärte, die von ihm verwendete scholastische Methode beinhalte den Gebrauch technischer Begriffe (*termini technici*) und einen ordentlichen Denkvorgang mit Definitionen, Unterscheidungen, Hypothesen, Beweisführungen, Schlussfolgerungen, Einwänden und Antworten.

Technische Begriffe und ein ordentlicher Denkvorgang

Nach ausführlichen Definitionen von „scholastischer Methode" oder „scholastischem Stil" wird man bei diesen Autoren jedoch vergeblich suchen. Die scholastische Vorgehensweise bei der Abhandlung moralisch-juristischer Themen war für die katholischen Theologen der Zeit anscheinend selbstverständlich und selbsterklärend.

2.5 Protestantische Scholastik

Holländische und deutsche Universitäten

Wie bereits angedeutet, sollte der polemische Ton protestantischer Theologen den „Scholastikern" gegenüber nicht darüber hinwegtäu-

schen, dass durchaus Verbindungslinien zwischen der spätmittelalterlichen scholastischen Wissenschaftskultur und dem Lehr- und
Forschungsbetrieb frühneuzeitlicher Theologen protestantischer Si-
gnatur bestanden, insbesondere an holländischen und deutschen
Universitäten (Eschweiler 1928; Schmidt-Biggemann 2001; Sparn
2001). In Bezug auf den Wittenberger Theologen Abraham Calov
(1612–1686), den sogenannten „lutherischen Papst", wurde von einer „Rescholastisierung lutherischer Theologie" gesprochen (Leinsle 1995, 293), und das Phänomen einer „protestantischen Scholastik" findet in der Sekundärliteratur zunehmend Beachtung (True-
man/Scott Clark Hg. 1999). In den letzten zwanzig Jahren hat sich
vor allem in der reformiert-historisch-theologischen Forschung die
Tendenz durchgesetzt, die Erscheinungsform „protestantische Scholastik" in der Frühen Neuzeit ernst zu nehmen (van Asselt 2013).
Durch Überwindung negativer Vorurteile und die Konzentration auf
die methodischen Gemeinsamkeiten scholastischer Denkformen
über die konfessionellen Grenzen hinweg wurden neue Wege der
Forschung geöffnet, selbst wenn die Untersuchungen bislang auf
spekulativ-philosophische und dogmatisch-theologische Themen-
kreise begrenzt blieben (van Asselt/Dekker Hg. 2001; Muller 2003;
van Asselt/Pleizier/Rouwendal/Wisse Hg. 2011).

 Paradebeispiele reformierter Scholastik bieten die *Theologia*   Beispiele
scholastica von Johann Heinrich Alsted (1588–1638), die *Disputatio-*
nes selectae des Gijsbert Voetius (1589–1676) oder der *Tractatus theo-*
logico-juridicus von Johannes Andreas Van der Meulen (1635–1702).
Die vielfältige Bezugnahme durch reformierte Scholastiker auf katholische Theologen und Kanonisten des 16. und 17. Jahrhunderts ist
offenkundig, bedarf aber der weiteren Erforschung, vor allem auf den
Gebieten von Recht und Ethik. Dabei müssten sowohl Kontinuitäten
als auch Diskontinuitäten zwischen herkömmlicher und protestantischer Scholastik näher untersucht werden, etwa bezüglich des
Verhältnisses protestantischer Scholastiker zum frühneuzeitlichen
Aristotelismus (Sinnema 1993; Strohm 1996, 91–159; Goudriaan 2013,
35–41).

 Darüber hinaus soll nicht aus den Augen verloren werden, dass
die feindlichen Auseinandersetzungen zwischen den Protestanten
und den nunmehr von ihnen auch als *Papistae* oder *Loiolitae* (nach
Ignatius von Loyola, dem Gründer des Jesuitenordens) bezeichneten
katholischen Scholastikern ungestört weitergingen. Auch innerpro-
testantisch gab es nicht nur Befürworter, sondern auch Feinde der

Wiederbenutzung des spätmittelalterlichen Wissenschaftsmodells. Ein Symptom dieses Streits sind die vernichtenden Äußerungen über sowohl katholische als auch protestantische Scholastiker im Buch über die scholastischen Hochschullehrer und ihre korrupte Wissenschaft (*Liber de doctoribus scholasticis et corrupta per eos divinarum humanarumque rerum scientia*) des evangelischen Theologen Adam Tribbechow (1641–1687).

2.6 Eklektizismus

Eigen-
ständigkeit

Die frühneuzeitliche Scholastik umfasst nicht nur einen protestantischen Zweig, der allmählich mehr Beachtung in der Literatur findet. Auch die Heterogenität des katholischen Zweigs selbst und seine Eigenständigkeit gegenüber den spätmittelalterlichen Modellen wird immer mehr betont. In allen Bereichen des Denkens sind die Argumentationen frühneuzeitlicher Scholastiker durch einen Eklektizismus gekennzeichnet, der problemlos unterschiedliche Strömungen wie Scotismus, Thomismus, Nominalismus, Neo-Aristotelismus und Humanismus miteinander verbindet (Vereecke 1986, 27–55; Heider 2014, 8–14). Bislang wurde vor allem am Beispiel der „Schule von Salamanca" aufgezeigt, wie die katholischen Theologen des 16. Jahrhunderts allmählich das scotistische, nominalistische und humanistische Gedankengut in den akademischen Lehrbetrieb integrierten, ohne Thomas von Aquin zu vernachlässigen (Kohut 1984; Belda Plans 2000, 243–309). Dagegen bedarf die verstärkte Rezeption scotistischen Gedankenguts im Verlauf des 17. Jahrhunderts aus rechts- und moraltheologischer Perspektive der weiteren Erforschung (s. 2.11). Zugleich verdient für die Zukunft die Thomasrenaissance nördlich der Alpen, zum Beispiel an den Universitäten von Löwen, Dillingen, Paris und Salzburg, insbesondere unter Einfluss des Benediktinerordens (Bauer 1996), größere Aufmerksamkeit.

Rezeption scotistischen Gedankenguts

Thomasrenaissance nördlich der Alpen

2.7 Scholastischer Humanismus

Entgegen der seit mehr als 150 Jahren wiederholten, maßgeblich durch Jacob Burckhardts *Die Kultur der Renaissance in Italien* (1860) verbreiteten Vorstellung trifft eine scharfe Opposition zwischen Humanismus und Scholastik für die Frühe Neuzeit nicht zu. Vorrangig erschienen diesen scholastisch-humanistischen Theologen die konkreten Probleme der Zeit, etwa die Entdeckung der Neuen Welt und das internationale Recht (Doyle 2007). Die praktische Lösung der daraus entstandenen moralisch-juristischen Fragen war ihnen wichtiger als dogmatische Treue gegenüber scholastischen Autoritäten. Auf jeden Fall ließen sich die frühneuzeitlichen Theologen in ihrer Kreativität nicht durch die spezifischen Lehrmeinungen von Experten der Vergangenheit – auch nicht vom 1576 durch Papst Pius V. zum *doctor ecclesiae* erhobenen Thomas von Aquin – bremsen (Villey 1973a, 45–48). Gleichermaßen trifft der Vorwurf, die Scholastiker hätten ein barbarisches Latein verwendet, für die Frühe Neuzeit nur bedingt zu, wenngleich der „scholastische Stil" eher durch einen akademisch-technischen Wortgebrauch als durch rhetorischen Glanz gekennzeichnet ist. Dennoch gilt mancher scholastische Theologe oder Kanonist der Frühen Neuzeit nicht nur als wissenschaftlicher Experte, sondern auch als Humanist und Philologe – man denke nur an Luis de León (1527–1591) (Barrientos García 1996).

Probleme der Zeit

2.8 Jesuitenpädagogik

Die Synthese humanistischer und scholastischer Wissenskulturen erreichte in dem 1540 von Ignatius von Loyola (1491–1556) gegründeten Jesuitenorden (*Societas Jesu* = S.J.) ihren Höhepunkt. Von den Jesuiten wurde nicht nur der Moralphilosophie von Aristoteles und Thomas von Aquin, sondern auch den *studia humanitatis*, insbesondere der Rhetorik, Poesie, Dramaturgie, Philosophie und Historiographie aus der griechisch-römischen Antike, grundlegende Bedeutung für den Unterricht zugemessen (O'Malley 1993, 200–264; Kallendorf 2007; Maryks 2008, 88–97). Dem oberdeutschen Jesuiten Jacob Pontanus (1542–1626) ist es zu verdanken, dass die humanistische Bildung in der *Ratio Studiorum* von 1599, der Studienordnung für Jesuitenschulen (Pavur Hg. 2005), zum Fundament der globalen Jesuitenpädagogik erhoben wurde. Daneben behielt die scholastische Disputation ihren zentralen Stellenwert, wie die Ausrichtung der *Ratio Studiorum* am *modus parisiensis* belegt (Leinsle 1995, 264). Auf diese Weise verbreitete sich in der Zeit zwischen der Gründung der ersten Jesuitenschule auf Messina (1548) und der Auflösung des Jesuitenordens (1773) an mehr als achthundert von Jesuiten gegrün-

Synthese humanistischer und scholastischer Wissenskulturen

deten Schulen und Universitäten auf der ganzen Welt eine Synthese von scholastischer und humanistischer Bildung (Giard Hg. 1995; Blum 2012, 21–34). Die massive Präsenz von Jesuiten im Bildungs- und Forschungswesen der Frühen Neuzeit über alle Wissenschafts-bereiche hinweg erklärt, warum sich seit Beginn des 21. Jahrhunderts die „Jesuitenstudien" zu einem selbständigen Zweig der historischen Forschung entwickelt haben (www.jesuitica.be).

2.9 Jesuitenscholastik

In der Philosophiegeschichte wird innerhalb der frühneuzeitlichen Scholastik manchmal ein besonderer Zweig der „Jesuitenscholastik" unterschieden, weil die Jesuiten sich auffallend stark an der scholas-

Hegemoniale Stellung

tischen Erneuerung beteiligt haben (Knebel 2000). Der Begriff wird vereinzelt *pars pro toto* für die gesamte katholische Scholastik der Frühen Neuzeit verwendet, was aufgrund der hegemonialen Stel-lung der Jesuiten im globalen Wissenschafts- und Bildungswesen vor allem seit Beginn des 17. Jahrhunderts nicht völlig unberechtigt ist (Knebel 2001, 230–231). Bereits Johann Franz Buddeus (1667–1729), ein evangelisch-lutherischer Theologe, erkannte in seiner grundle-genden historischen Einführung in die Theologie (*Isagoge historico-theologica ad theologiam universam*, 1727) den außerordentlichen

„Loyoliten" oder „Neu-scholastiker"

Stellenwert der Jesuitenscholastiker an. Buddeus benutzte nicht nur den Terminus „Loyoliten" (*loiolitae*), sondern auch „Neuscholasti-ker" (*neo-scholastici*) zur Benennung der Jesuitentheologen (Quinto 2001, 237).

An dieser Stelle können nur einige Werke zur Erschließung des politischen, moralischen und juristischen Denkens dieser früh-neuzeitlichen „Jesuitenscholastiker" erwähnt werden (Höpfl 2004; Maryks 2008). Unschätzbaren Wert für die ideenhistorische Ent-wicklung von Moral, Politik und Recht hatten die juristisch-theo-logischen Werke von Luis de Molina (1535–1600), Juan de Maria-na (1536–1623), Roberto Bellarmino (1542–1621), Gregorio de Valen-cia (1545–1603), Leonardus Lessius (1554–1623), Francisco Suárez (1548–1617), Pedro de Oñate (1568–1646), Adam Tanner (1571–1623), Paul Laymann (1574–1635), Juan de Lugo (1583–1660), Rodrigo de Arriaga (1592–1667), Hermann Busenbaum (1600–1668), Tirso Gon-zález de Santalla (1624–1705), Michelangelo Tamburini (1648–1730) und Ignaz Schwarz (1690–1763).

2.10 Dominikaner

Bis zum Ende des 16. Jahrhunderts wurde die frühneuzeitliche Scholastik allerdings nicht von Jesuiten, sondern hauptsächlich von Theologen des Dominikanerordens vorangetrieben. Die Kommentare des
Dominikanertheologen Tommaso de Vio (1468–1534), gebürtig aus
der italienischen Stadt Gaeta (von daher sein lateinischer Name
„Cajetanus"), zur *Summa Theologiae* erwarben schnell Referenzcharakter und sind integraler Bestandteil der klassischen von Papst
Leo XIII. Ende des 19. Jahrhunderts beauftragten Ausgabe der Summe
des Thomas von Aquin. Cajetan war direkt an der Auseinandersetzung mit Martin Luther beteiligt (Hennig 1966) und genauso wie
seine Ordensbrüder Johann Tetzel (1465–1519) (Kramer 2012) und
Sylvester Mazzolini da Prierio (1456–1527) (Lindberg 1972; Tavuzzi
1997) Autor einer wirkungsmächtigen Summe für Beichtväter.

Auseinander-
setzung mit
Martin Luther

    In der ersten Hälfte des 17. Jahrhunderts erschien der wichtige
Cursus theologicus des João Poinsot (1589–1644), einem auch unter
dem Namen „Johannes a Sancto Thoma" bekannten portugiesischen
Dominikanertheologen, der hauptsächlich in Alcalá lehrte (Forlivesi 1994). Hundert Jahre später veröffentlichte der französische
Dominikaner Charles-René Billuart (1685–1757) seinen eigenen *Cur-*
sus theologicus, der als Bindeglied zwischen der frühneuzeitlichen
scholastisch-thomistischen Tradition und der Neuscholastik des
19. Jahrhunderts betrachtet werden kann (Kennedy 1912; Peitz 2006,
17).

Cursus theolo-
gicus des João
Poinsot

    Die berühmtesten Mitglieder des Dominikanerordens wirkten
allerdings im Kloster San Esteban in Salamanca, darunter Bartolomé
de las Casas (1474/1484–1566), Francisco de Vitoria (1483/92–1546),
Domingo de Soto (1495–1560), Melchor Cano (1509–1560), Bartolomé
de Medina (1528–1581) und Domingo Báñez (1528–1604) (Belda Plans
2000; Sastre Varas 2001). Vitoria, der in Paris beim Brüsseler Dominikanertheologen Pieter Crockaert (ca. 1450–1514) studiert hatte, wird
traditionell eine ausschlaggebende Rolle bei der Übertragung der
Thomas-Renaissance aus Frankreich nach Spanien zugeschrieben,
weil er die *Sententiae* Peter Lombards durch die *Summa Theologiae*
des Thomas ersetzte, als er 1526 seine theologischen Vorlesungen an
der Universität Salamanca begann. Allerdings wurde das Interesse
für Thomas seit spätestens 1500 sowohl in Salamanca als auch an
anderen Universitäten und Klosterschulen auf der iberischen Halb-

Kloster San
Esteban in
Salamanca

insel, etwa in Valladolid und Sevilla, neu geweckt (Belda Plans 2000, 64–73).

Universität von
Alcalá de Henares

Scotistische und nominalistische Strömungen wurden neben dem Thomismus toleriert, ja selbst gefördert, vor allem an der Universität von Alcalá de Henares (auch *Complutense* genannt). Dort wurde Juan de Medina (1490–1547) zu einem der wichtigsten, aber bislang am wenigsten untersuchten Vertreter der frühneuzeitlichen Scholastik. Dank der Vermittlerrolle von Jesuiten wie Francisco de Toledo (1532–1596) und Francisco Suárez wurde die spanische Scholastikrenaissance zum Ausgangspunkt des Theologieunterrichts am *Collegio Romano*, der zentralen Jesuitenuniversität in Rom (García-Villoslada 1954; Belda Plans 2000, 854–858).

2.11 Franziskaner

Neben Dominikanern und Jesuiten haben die Franziskaner (*Ordo Fratrum Minorum* = O.F.M.) einen wesentlichen Beitrag zur Erneuerung der Scholastik geleistet. Dabei zersplitterte der Orden gerade in der Frühen Neuzeit (Feld 2008, 48–54): Nunmehr gab es die Kapuziner (= O.F.M. Cap.), die Konventualen oder Minoriten (= O.F.M. Conv.), die Observanten (= O.F.M. Obs.), die Reformaten (O.F.M. Ref.) und die Rekollekten (O.F.M. Rec.). Bereits 1500 hatte der Franziskanerorden Duns Scotus zum Eckpfeiler seiner Studienordnung gemacht und 1633 beschloss das Generalkapitel die Sammlung der Werke

Neubelebung
des Scotismus

des *doctor subtilis* (Gregory 1968, 5). Im Zuge der Scotus-Edition (Erstausgabe Lyon 1639) des irischen Franziskaners Luke Wadding (1588–1657), die noch 1891–1895 bei Vivés in Paris in 26 Bänden neu gedruckt wurde, fand eine eindrucksvolle Neubelebung des Scotismus statt. Vor allem die Universitäten zu Köln, von Prag und Krakau sowie das 1587 neugegründete *Collegio Sistino* in Rom beförderten eine wahrhafte Scotus-Renaissance (Minges 1912; Millet 1968; Schmutz 2002; Honnefelder 2005, 134–140; Schmutz 2008). Dabei hat neben irischen Theologen wie Wadding der Franziskaner-Konventuale Bartolomeo Mastri (1602–1673), auch *princeps scotistarum* genannt, eine wichtige Rolle gespielt (Giblin 1968; Forlivesi 2002). Dass diese Blütezeit in der Forschung vernachlässigt wurde, mag damit zusammenhängen, dass die Neoscholastik des 19. Jahrhunderts vorwiegend neothomistisch geprägt war (Honnefelder 2005, 12–13).

2.12 Religiöse Ordensvielfalt

Auf katholischer Seite blieb die Scholastik nicht auf die Beiträge von Jesuiten, Dominikanern und Franziskanern begrenzt. Die Erneuerung des scholastisch-thomistischen Denkens wurde von unterschiedlichen religiösen Orden vorangetrieben, darunter die Augustiner-Chorherren (= *Canonici Regulares Sancti Augustini* C.R.S.A. oder CanReg), die Augustiner-Eremiten (*Ordo Eremitarum Sancti Augustini* = O.E.S.A.), die Barnabiten (*Clerici regulares Sancti Pauli* = B(arn).), die Benediktiner (*Ordo Sancti Benedicti* = O.S.B.), die Karmeliten der alten Observanz (*Ordo Carmelitarum Calceatarum* = O.C.C.), die Unbeschuhten Karmeliten (*Ordo Carmelitarum Discalceatarum* = O.C.D.), die Kartäuser (*Ordo Carthusiensis* = O. Carth.), die Oratorianer (*Confederatio oratorii Sancti Philippi Nerii* = C.O.), die Prämonstratenser (*Ordo Praemonstratensis* = O. Praem.), die Redemptoristen oder Liguorianer (*Congregatio Sanctissimi Redemptoris* = C.Ss.R.), die minderen Regularkleriker oder Theatiner (*Ordo Clericorum Regularium Minorum vulgo Theatinorum* = C.R.M.) und Zisterzienser (*Ordo Cisterciensis* = O.Cist.) (Donnelly 1995). Der Forschungsbedarf über die Theologen und Kanonisten dieser religiösen Orden und ihrer Bedeutung für die Scholastik der Frühen Neuzeit wurde bislang kaum erfüllt. In der spezialisierten Sekundärliteratur tauchen vereinzelt Hinweise auf einige der großen Namen dieser Orden auf, etwa auf den Augustiner-Eremiten Pedro de Aragón (ca. 1545–1592), den Kartäuser Juan de Valero (1550–1625), den Theatiner Antonino Diana (1585–1663), den Zisterzienser Juan Caramuel y Lobkowitz (1606–1682) oder die Benediktiner Ludwig Babenstuber (1660–1726) und Simpert Schwarzhuber (1727–1795). Auch der *Cursus theologicus Salmanticensis*, der über mehrere Jahrzehnte verfasste Standardkurs Theologie der Unbeschuhten Karmeliten des San Elia Klosters zu Salamanca, dessen letzter Band 1712 erschien, verdient Aufmerksamkeit – eine vollständige, 20-bändige Edition wurde 1870–1883 erneut in Paris veröffentlicht (Merl 1947; Teodoro 1968).

*Forschungs-
bedarf*

Cursus theologicus Salmanticensis

2.13 Neuscholastik

Der Zeithorizont dieser Einführung reicht nicht über die Frühe Neuzeit hinaus. Dies sollte aber nicht über das Fortschreiten der Scholas-

Von der Aufklärung bis in das 20. Jahrhundert

tik von der Aufklärung bis in das 20. Jahrhundert, wenn auch meist in einer vergleichsweise verblassten Form, hinwegtäuschen (Leinsle 1995, 336–342; Coreth/Neidl/Pfligersdorffer 1988; Cessario 2005). Die Wiederbelebung der mit einem idealisierten Thomas von Aquin identifizierten scholastischen Tradition in der sogenannten „Neuscholastik" wird generell in die Mitte des 19. Jahrhunderts datiert (Schmidinger 1988; Honnefelder/Möhle/Söder 2000). Dabei ist der Begriff „Neuscholastik" ambivalent, da er, wie bereits oben erwähnt, in der Frühen Neuzeit zur Bezeichnung der Jesuitenscholastiker verwendet wurde. Mit seiner Enzyklika *Aeterni Patris* (1879) hat Papst Leo XIII. wesentlich zur Wiedergeburt der Scholastik beigetragen, aber die Aktualisierung des thomistischen Denkens wurde schon vorher verfolgt, etwa von Vincenzo Buzzetti (1777–1824) und Joseph Kleutgen (1811–1883) (grundlegend zu den Anfängen der Neuscholastik in Deutschland und Italien: Peitz 2006).

Der pio-benediktinische *Codex iuris canonici* von 1917 verankerte kirchenrechtlich die Vorrangstellung des „Heiligen Thomas" im philosophischen und theologischen Unterricht (Can. 1366 §2). In seiner Konstitution *Deus scientiarum Dominus* von 1931 forderte Papst Pius XI. die Anwendung der scholastischen Methode in allen kirchlichen Lehreinrichtungen (Unterburger 2010). Wie aus dem forschungshistorischen Überblick im dritten Kapitel dieser Einführung hervorgeht, ist die Wiederentdeckung der frühneuzeitlichen Scholastik in der philosophie-, theologie-, wirtschafts- und rechtshistorischen Forschung nicht in geringem Maße der Neuscholastik zu verdanken. Aufgrund anti-thomistischer und rechtsfeindlicher Tendenzen, die sich im Verlauf des 20. Jahrhunderts mit zunehmender Kraft in der katholischen Kirche durchgesetzt haben, führt die Neuscholastik derzeit aber nur noch ein Schattendasein, auch wenn etwa das Studium des Thomas von Aquin nach der Reform des *Codex iuris canonici* von 1983 kirchenrechtlich vorgeschrieben bleibt (Can. 252 §3).

Marginalia:

Enzyklika *Aeterni Patris* (1879) von Papst Leo XIII.

Wiederentdeckung der frühneuzeitlichen Scholastik

3 „Recht und Moral"

3.1 Eine fremde Welt

Weder die Bestimmung von „Recht" noch die von „Moral" kann für die Frühe Neuzeit vom heutigen Begriff ausgehen. Eine positivistische Auffassung des Rechts, die juridische Normen auf staatlich erzeugte bzw. erzwungene Normen eingrenzt, kommt mit der Verbindung juristischer und theologischer Normativität in den scholastischen Quellen nicht zurecht (Decock 2013, 21–104). Genauso wenig hilft die Vorstellung, die Moral sei ein von legalistischen Zwängen befreites, individuelles Streben nach den höchsten sittlichen Idealen. Darüber hinaus greift eine scharfe Trennung zwischen religiösen, moralischen und juristischen Lebens- und Denkbereichen für die Frühe Neuzeit zu kurz. Folgerichtig begegnet heutigen Lesern in den moraltheologischen Texten, etwa von Summenhart, Soto oder Liguori, eine fremde Welt. In diesem Universum behauptet der Theologe, seine Kompetenz reiche so weit, dass „kein Stoff, keine Erörterung, kein Gebiet dem Fach und der Absicht der Theologie fremd ist" (Repgen 2014b, 270). Evangelium und Recht werden nicht als Gegenpole betrachtet, sondern vielmehr als besondere Entfaltungen einer in seiner Gesamtheit von Gott geschaffenen Gesetzeswelt.

„Kein Gebiet ist dem Fach und der Absicht der Theologie fremd"

3.2 Juristen vs Theologen

Die moralisch-juristischen Schriften der frühneuzeitlichen Scholastiker kann man vor dem Hintergrund der Herausbildung einer „globalen normativen Ordnung im Schatten schwacher Staatlichkeit" (Duve 2011) verstehen. In diesem Schatten beanspruchten die Theologen eine regulatorische Rolle, die ihnen allmählich vom Staat und dessen professionellen Dienern, den Juristen (Stolleis 2011), aberkannt wurde. Der Schatten, in dem sich die Theologen bewegten, trat nicht zurück, sondern gewann immer mehr an Boden. Obwohl die Wechselbeziehungen zwischen religiöser und weltlicher Gewalt in der europäischen Geschichte komplex und je nach Territorium und Konfession unterschiedlich verlaufen sind, fand gerade in der Frühen Neuzeit die entscheidende Konfrontation statt, die langfristig zum Normsetzungs- und Gewaltmonopol des modernen Staates führte (Prodi 2003; Friedeburg/Schorn-Schütte 2007; Reinhard 2007; Stolleis 2014). Tatsächlich ist die explosionsartige Entfaltung religiös geprägter Normativität in der Frühen Neuzeit im Nachhinein wie eine Art Schwanengesang zu betrachten. Die Theologen sahen sich in zunehmendem Maße dazu gezwungen, eine defensive Haltung einzunehmen, indem die Juristen mit wachsender Selbstsicherheit die bislang von religiösen Autoritäten ausgeübte Regulierungsgewalt angriffen. Bekannt ist die Aussage, die Theologen sollten wie Schuster bei ihren Leisten bleiben, und auf dem Gebiet des Rechts, das exklusiv zum Kompetenzbereich der Juristen gehöre, schweigen (*silete theologi in munere alieno*). Diese Redewendung wird in den Fußstapfen Carl Schmitts (1950, 96) oft dem protestantischen Juristen Alberico Gentili (1552–1608), Regius Professor für Zivilrecht in Oxford, zugeschrieben (Ferronato/Bianchin Hg. 2011), sie war aber bereits seit dem Spätmittelalter geläufig. Conrad Summenhart setzte sich im Vorwort zu seinem siebenbändigen Werk über die Verträge ausdrücklich mit diesem Vorwurf auseinander. Er lege seine „Sichel nicht an die Ernte eines anderen", indem er das Vertragsrecht nicht aus der Sicht der Rechtsstreitigkeiten vor dem äußeren Gericht, sondern aus dem Blickwinkel des Gewissensforums (*forum conscientiae*) und den Prinzipien des Naturrechts betrachte. Ähnliche Rechtfertigungsmuster finden sich bei protestantischen Theologen, etwa bei Niels Hemmingsen (1513–1600), einem dänischen evangelisch-lutherischen Theologen (Tamm 1989).

3.3 Gesetze und Seelenheil

Die Theologen erhoben nicht nur den Anspruch, aufgrund ihrer besonderen Kenntnisse der naturrechtlichen Fundamente des Rechts sinnvoll über juridische Themen diskutieren zu können; darüber hinaus sahen sie im sorgfältigen Studium der Rechtswissenschaft die notwendige Voraussetzung für eine gewissenhafte Ausübung der theologischen Profession. Die Verantwortlichkeit des Theologen bestand letztlich darin, das Seelenheil (*salus animarum*) (Meyer 2012, 50–52) des Individuums zu retten, indem das sittliche Verhalten in Übereinstimmung mit gerechten Gesetzen gebracht wurde. Diese Regulierungsarbeit setzte grundlegende Kenntnisse aller möglichen Gesetze voraus, so dass sich der Theologe als Normativitätsexperte schlechthin verstand.

Ein Exponent dieser gewaltigen Regulierungsaufgabe ist Francisco Suárez' berühmtes Werk von 1612 über die Gesetze und Gott als Gesetzgeber (*De legibus ac Deo legislatore*) (Courtine 1999). Der Grund, weshalb Theologen nicht nur die Naturgesetze, sondern auch die von Gott und weltlichen und geistlichen Obrigkeiten erlassenen Gesetze, also das gesetzte Recht (*ius positivum*) überblicken müssten, hängt nach Suárez damit zusammen, dass Gott als erste Ursache und finaler Gesetzgeber dem gerechten positiven Recht untersteht (Larrainzar 1976, 135). Folgerichtig untersuchte Suárez in seinem Werk auf umfassende Weise nacheinander das ewige Gesetz, die Gesetze des Naturrechts, das Völkerrecht, das kanonische Recht, das Zivilrecht, die Strafgesetze, das Gewohnheitsrecht, die Sonderrechte oder Privilegien, das göttlich gesetzte Recht des Alten Testaments und das neue göttlich gesetzte Recht des Neuen Testaments (*lex nova*). Tatsächlich wurde das Evangelium von Suárez ausdrücklich als ein Gesetz und Christus als ein echter Gesetzgeber (*verus et proprius legislator*) bezeichnet (Decock 2013, 82, Anm. 303). Nach zeitgenössischem Verständnis, jedenfalls auf katholischer Seite, sind die im Evangelium erhaltenen sittlichen Normen also eine Form von Recht.

Christus als ein echter Gesetzgeber

3.4 Gewissensforum

Aus der christlichen Weltansicht ergab sich eine Jurisdiktion über die Seelen der Menschen, für die die Theologen zuständig gewesen seien. Durch Untersuchung der auf ein bestimmtes Verhalten anzuwendenden Gesetze und der sich daraus ergebenden Rechte und Pflichten versuchten die Theologen, die Richtigkeit von sittlichen Handlungen im Hinblick auf das Seelenheil genau zu beurteilen. Gestützt auf die Schlüsselgewalt (*potestas clavium*, Mt. 18:18) war es der Kirche nämlich erlaubt, die Sünden der Menschen teilweise schon auf Erden mit Folgen für das Jenseits zu richten (Roth 1952; Tentler 1977; Becker 1988; Beinert 2000; Rittgers 2004). Der richterliche Charakter der theologischen Tätigkeit, auf katholischer Seite durch das Trienter Konzil (1545–1563) noch einmal verstärkt betont (Schmoeckel 2008), wurde noch im 18. Jahrhundert ohne Weiteres von Juristen wie Ludovico Antonio Muratori (1672–1750) oder Robert-Joseph Pothier (1699–1772) anerkannt. Ort dieser spirituellen Gerichtsbarkeit war das sogenannte Gewissensforum (*forum conscientiae*), alternativ auch als das innere Gericht (*forum internum*), das

Schlüsselgewalt

Richterliche Charakter der theologischen Tätigkeit

Seelengericht (*forum animae*), das göttliche Gericht (*forum Dei*) oder das Himmelsgericht (*forum poli*) bezeichnet (Fries 1963; Mostaza 1967–1968; Prosperi 1996; Hein 1999; Rusconi 2002; Prodi 2003). In der katholischen Tradition lässt sie sich mit dem Beichtstuhl verbinden. Daher wird die Verzahnung von ethischem und rechtsgelehrtem Wissen in der Scholastik der Frühen Neuzeit oft etwas pejorativ als „Beichtstuhljurisprudenz" beschrieben (Bergfeld 1977; Schmoeckel 2005). Die Wurzeln dieser intensiven Verbindung von Beichte, Moral und Recht reichen bis in das Mittelalter zurück, wie die bereits ergiebig erforschte Beichtsummenliteratur belegt (Stintzing 1847; Wasserschleben 1851; Schmitz 1883; Michaud-Quantin 1962; Brambilla 2000; Langholm 2003; Goering 2008a; Goering 2008b; Firey 2008). Allerdings wurde die Verzahnung von Recht und Moral im Verlauf der Frühen Neuzeit so gewaltig, dass Alfonso de' Liguori, ausgebildeter Jurist und erfahrener Anwalt, im Nachhinein von der Entwicklung der christlichen Morallehre hin zu einer Art „moralischer Rechtswissenschaft" (*moralis iurisprudentia*) sprach (Decock 2013, 69). Diese juristische Auffassung der Sittlichkeit in der frühneuzeitlichen Theologie mag in der heutigen, generell anti-juristisch geprägten theologisch-historischen Literatur zwar auf Kritik stoßen (Kleber 2005, 82), sie erklärt jedoch zugleich die rechtshistorische Bedeutung der hier besprochenen Theologen.

„Beichtstuhl-jurisprudenz"

„Moralische Rechtswissen-schaft"

3.5 Kasuistik

Mit der „Verrechtlichung der katholischen Moraltheologie" (Theiner 1970, 298; Kleber 2005, 84) ging in der Frühen Neuzeit zur Vermittlung von abstrakten Gesetzesprinzipien und konkreter Wirklichkeit eine dezidiert kasuistische Herangehensweise einher (Dublanchy 1905; Leites Hg. 1988a; Schmitz 1992; Jonsen/Toulmin 1988, 89–176; Braun/Vallance Hg. 2004; Hurtubise 2005; Knebel 2005; Boarini Hg. 2009). Durch ihre praktische Tätigkeit als Berater von Fürsten, Kaufleuten und Richtern hatten die Theologen ein Gespür für die Singularität der Umstände eines jeden Falles. Sie glaubten nicht an ein a-historisches Naturrecht, das ohne Berücksichtigung der faktischen Fallkonstellation seine normative Bedeutung für den Einzelfall enthüllt. Durch die Kombination von theoretischer Erkenntnis moralischer Prinzipien (*synderesis*) mit der praktischen Anwendung dieser Normen auf die partikularen Umstände des Tatbestandes (*con-*

Praktische Tätigkeit als Berater

scientia) gelangte die rechte Vernunft (*recta ratio*) zu einem Schluss über das im konkreten Fall richtige Verhalten.

Diese kasuistische Einstellung hängt mit den nominalistischen Einflüssen auf die frühneuzeitliche Theologie zusammen (Schmitz 1992, 34; Gómez Camacho 1998b, 511). Gewiss wurde die frühneuzeitliche Scholastik eingehend durch den Nominalismus des schottischen Theologen John Mair (Maior) (1467–1555) geprägt (Vereecke 1986, 27–55; Keenan 1995a). Es verwundert nicht, dass sich bei Mair ein Unterschied zwischen scholastischer Theologie im engeren Sinne, die sich mit spekulativen Debatten beschäftigt, und positiver Theologie, die sich mit moralisch-juristischen Fragestellungen auseinandersetzt, durchsetzte (Belda Plans 2000, 28). Diese Trennung von scholastisch-spekulativer und scholastisch-positiver Theologie wurde in der Folgezeit vor allem durch die Einrichtung von auf die Praxis der Seelsorge ausgerichteten Lehrstühlen für Kasuistik (*casus conscientiae*) verstärkt (Leinsle 1995, 270–274). Dementsprechend wurden die Experten der Morallehre bald als „Kasuisten" bezeichnet. Vom Professor für Kasuistik wurde explizit erwartet, dass er die Studenten unter anderem in das kanonische Recht und das Vertragsrecht einweihte. Die rechtliche Ausprägung der frühneuzeitlichen Moraltheologie wurde bei den Jesuiten zusätzlich durch ihre reichhaltige Bezugnahme auf das moralisch-kanonistische Denken des Martín de Azpilcueta (1492–1586), der selbst unter nominalistischem Einfluss stand, verstärkt (Schmitz 1992, 37–39; Lavenia 2003, 103–112).

Nominalismus

Lehrstühle für Kasuistik (casus conscientiae)

3.6 Gelehrte Meinungsvielfalt

Zur Bewältigung moralischer Unsicherheit wurde in der frühneuzeitlichen Scholastik eine komplexe Entscheidungslehre entwickelt: der Probabilismus (Deman 1936; Otte 1973; Schmitz 1990; Kantola 1994; Knebel 2000; Schüßler 2003 und 2006b; Fleming 2006). Vor dem Hintergrund der Meinungsverschiedenheit in der scholastischen Expertenkultur bot er eine Antwort auf die Frage, aufgrund welcher Meinung man sittlich richtig handeln könne. Nach der vom Dominikanermönch Bartolomé de Medina (1527–1581) 1577 zum ersten Mal formulierten Lehre des Probabilismus war es praktisch erlaubt, einer Meinung zu folgen, sobald sie entweder durch rationale Argumente oder durch die Autorität eines Experten unterstützt wurde,

Probabilismus

selbst wenn die gegenübergestellte Meinung wahrscheinlicher erschien. Der Jesuit Antonio Perez (1599–1649) bezeichnete diese Lehre als Kernstück der frühneuzeitlichen katholischen Moraltheologie (Decock 2013, 74–80). Es genügte, eine wahrscheinliche Meinung (*opinio probabilis*) zum Ausgangspunkt einer praktischen Entscheidung zu nehmen. Zugleich wurde bei der Definition dessen, was als *probabilis* galt, die Bedeutung rationaler Argumente wichtiger als die herkömmlich nach Aristoteles als maßgebend betrachtete Meinung der Weisen oder der meisten Leute (Schüßler 2014b).

Vorher hatte der Probabilismus einer allgemein verbreiteten Neigung zum Probabiliorismus oder sogar zum Tutiorismus weichen müssen. Dem Probabiliorismus gemäß dürfe von zwei unterschiedlichen Meinungen nur die wahrscheinlichere (*opinio probabilior*) berücksichtigt werden. Der Tutiorismus oder Rigorismus beinhaltete, dass man, der absoluten Vorrangigkeit des Seelenheils halber, im Zweifel nur dann der am wenigsten sicheren Meinung folgen dürfe, wenn sie die wahrscheinlichste Meinung sei. Die beiden letzten Ansichten blieben unter vielen protestantischen Theologen gängig. Der Probabilismus war im 17. Jahrhundert nicht nur dem Spott von protestantischen Theologen, sondern auch innerkirchlichen polemischen Angriffen ausgesetzt (Gay 2011), so dass der Name „Probabilismus" das Schimpfwort „Laxismus" hervorrief (Leinsle 1995, 336).

Jedenfalls war der Probabilismus Ausdruck einer minimalistischen Ethik, die nach der Maxime „ein zweifelhaftes Gesetz ist nicht verbindlich" (*lex dubia non obligat*) vor allem versuchte, die Freiheit des Individuums vor gesetzlichen Eingriffen aller Art zu schützen. Ausgangspunkt war nämlich, dass der Mensch Handlungsfreiheit besäße. In Kombination mit der aus dem kanonischen Recht entstammenden Regel, dass die Lage des Besitzenden die bessere sei (*melior est conditio possidentis*), führte dies zur Beseitigung moralischer Skrupel. Die existenziell-spirituelle Rückbesinnung auf die Patristik bei ethischen Rigoristen wie Antoine Arnaud (1612–1694), Blaise Pascal (1623–1662) und Pierre Nicole (1625–1695) leitete allerdings eine Ablehnung dieser freiheitsorientierten Morallehre ein. Ende des 17. Jahrhunderts wurden die Exzesse des Probabilismus von Papst Alexander VII. und Papst Innozenz XI. verurteilt. Gleichzeitig bekämpfte González de Santalla, Ordensgeneral der Jesuiten (1687–1705), den Probabilismus in seinem Orden (Döllinger/Reusch 1889, 120–272). In der Mitte des 18. Jahrhunderts versuchte Liguori, einigen deutschen Jesuiten folgend, mit der Theorie des „Äquiproba-

(Marginalien:)
Tutiorismus oder Rigorismus

„Äquiprobabilismus"

bilismus" zwischen Probabilisten, Probabilioristen und Tutioristen
zu vermitteln, indem er meinte, dass einer gleichen oder fast gleichen wahrscheinlichen Meinung gefolgt werden dürfe, solange man
nicht der merklich weniger wahrscheinlichen Meinung folge (Döl-
linger/Reusch 1889, 356–476).

3.7 Protestantismus

Die Frage nach dem Verhältnis des Evangeliums zur verrechtlichten
Moraltheologie der frühneuzeitlichen Kasuisten wurde nicht nur
innerhalb der modernen katholischen Kirche mit leichtem Misstrau-
en gestellt (exemplarisch Häring 1954). Sie stellte auch den Kern
der Auseinandersetzung zwischen Martin Luther und Scholastikern
wie Sylvester, Cajetan und Eck dar. Zur symbolischen Abrechnung   Symbolische
mit der herkömmlichen Morallehre der Kirche hatte Luther 1520   Abrechnung mit
das Verbrennen der *Summa Angelica*, der Beichtsumme von Angelo   der herkömmli-
Carletti de Chivasso (ca. 1414–1495), in der zwei Drittel der Zitate chen Morallehre
aus dem spätmittelalterlichen *ius commune* kamen, veranlasst. Der
evangelisch-lutherische Theologe Friedrich Balduin (1575–1627) warf
den „Kasuisten" vor, moralische Fälle nicht aufgrund der Bibel, sondern aufgrund scholastischer Gelehrtheit lösen zu wollen. Zugleich
aber formulierte er diese Kritik in der Dedikation eines Traktats über
Gewissensfälle, so dass die feindliche Rhetorik nicht über die Wei-
terentwicklungen in Richtung kasuistischer Moraltheologie sowohl
in der katholischen als auch in der evangelisch-lutherischen hinwegtäuschen darf.

    Die nachreformatorische Lutherische Kasuistik in den deutschen   Nachreformato-
Gebieten, etwa in Georg Dedekenns *Thesaurus consiliorum theolo-*   rische Lutheri-
gicorum et juridicorum (1623), findet in der jüngeren Sekundärlite-   sche Kasuistik
ratur zunehmend Berücksichtigung (Mayes 2011). Zu Recht wurde
bemerkt, die Kasuistik sei nicht ein rein katholisches Phänomen,
„sondern vielmehr eine zeitgeschichtlich bedingte Methode" (Kleber 2005, 86; vgl. Leites 1988b, 119: „The Protestant Reformation did
not put a halt to the demand for church-sponsored casuistry."). Die   Puritaner-
reformierte Kasuistik im frühneuzeitlichen England, etwa in den   theologe
posthum herausgegeben *Whole Treatise of Cases of Conscience* des
Puritanertheologen William Perkins (1558–1602), gilt als Beispiel
für dieses Phänomen (Wood 1952; Kelly 1967; Holmes 1981; Keenan
1995b; Keenan 1999; Keenan 2004; Ross 2008; Selzner 2009). Auch

Langfristige
Ausdifferenzie-
rung von Recht
und Moral

die Verrechtlichung des moralischen Denkens war der Entwicklung in nicht-katholischen Territorien nicht fremd (Strohm 1996 und 2008; Schmoeckel 2014; Decock 2015a). Dennoch lässt sich in den protestantischen Territorien langfristig eine Ausdifferenzierung von Recht und Moral feststellen, die es in der herkömmlichen katholisch-scholastischen Tradition nicht gegeben hat. Auf jeden Fall verdient das Verhältnis zwischen katholischer, evangelisch-lutherischer und reformierter Moraltheologie in der Frühen Neuzeit tieferer Bohrungen und konfessionsübergreifender Forschung (ein gutes Beispiel liefert Ross 2015).

Teil 2: **Quellen, Editionen, Hilfsmittel**

4 Quellen

4.1 Auswahl und Begrenzung

Die ausgewählten juristisch-theologischen Schriften bilden eine Art „Diskursgemeinschaft" (Scattola 2010). Sie beziehen sich auf einen geteilten scholastischen Kanon von gelehrten Texten aus Altertum, Mittelalter und Früher Neuzeit, der die Zugehörigkeit einzelner Texte zu dieser Gemeinschaft erkennen lässt und den Diskurs bestimmt: Die klassische Philosophie (z. B. Aristoteles und Cicero), das römisch-kanonische Recht (z. B. die Digesten Justinians und das Decretum Gratiani), die Patristik (z. B. Augustinus), die mittelalterliche und neuzeitliche Jurisprudenz (z. B. Bartolus und Covarrubias), die spätmittelalterliche Theologie (z. B. Thomas von Aquin und Duns Scotus). Mit der Zeit werden die frühneuzeitlichen scholastischen Autoren selbst zu Referenzpunkten im gelehrten Diskurs (z. B. Soto und Lessius). Auch die humanistisch, neo-bartolistisch und pandektistisch arbeitenden Juristen der Frühen Neuzeit wurden im 17. und 18. Jahrhundert problemlos von Theologen auf katholischer und protestantischer Seite herangezogen (z. B. Zasius, Wesenbeck, Stryk).

„Diskursgemeinschaft"

Es wird nicht überraschen, dass in der protestantischen Literatur häufiger als in den katholischen Quellen die Bibel als autoritativer Text zitiert wird. Auf jeden Fall ist der Bezug auf die römischrechtliche bzw. kirchenrechtliche Tradition in den katholischen Schriften – vor allem bei den Jesuiten – viel stärker ausgeprägt als in den protestantischen. In der Regel sind die Werke protestantischer Autoren auch dünner als die katholischen Varianten. Dies soll aber nicht darüber hinwegtäuschen, dass konfessionsübergreifende Verbindungslinien bestehen. Die protestantischen Kasuisten etwa berufen sich auch auf die katholischen Autoren, während umgekehrt den katholischen Autoren, insbesondere seit dem Ende des 17. Jahrhunderts, die evangelisch-lutherische und reformierte Literatur bewusst wird. Diesen Beobachtungen zum Trotz fehlen bislang vergleichende Studien zu diesem Thema. Anliegen des vorliegenden Bandes ist es, zur Beseitigung dieser Forschungslücke beizutragen.

Konfessionsübergreifende Verbindungslinien

Die meisten Autoren verbindet, dass sie nicht nur als Professor, sondern auch als Ratgeber tätig waren, so dass Lehrstuhl und Beichtstuhl als die Orte ihrer Tätigkeit betrachtet werden können (Scattola

Lehrstuhl und Beichtstuhl

2009, 54). Selbst wenn in der protestantischen Tradition der Beichtstuhl als konkreter Ort der Gewissensberatung verschwindet, bleibt
die Lösung von Gewissensfragen eine Haupttätigkeit anglikanischer,
evangelisch-lutherischer, reformierter und puritanischer Gelehrter
und Pastores. Gerade weil die Gewissensberatung eine zentrale Rolle spielte, kann in dieser Einführung keine vollständige Übersicht
über die unzähligen Handbücher oder Summen für Beichtväter und
Beichtlinge geleistet werden. Es wird danach gestrebt, einen Überblick sowohl der praxisorientierten Gewissensliteratur als auch der
vorwiegend, aber nicht ausschließlich theoretischen Traktatliteratur
zu vermitteln.

Wer sich besonders für die frühneuzeitliche Gewissensliteratur
interessiert, dem stehen ausgezeichnete Sonderstudien zur Verfügung (Turrini 1991; Maryks 2004). Auch die besondere Rolle der
Theologen als Ratgeber von Fürsten und die damit einhergehende
Fülle an Spezialliteratur an der Schnittstelle von Moral und Politik (etwa Adam Contzen, Roberto Bellarmin oder Athanasius Kir-
cher) werden nicht in den Überblick eingeschlossen (exemplarisch
Höpfl 2004). Angesichts der bereits existierenden Sekundärliteratur (Folgado 1959 und 1960) behandelt diese Einführung auch die
eher theoretisch aufgefasste scholastische Sonderliteratur über die
Gesetze und die Gerechtigkeit nicht vollständig. Eine weitere Begrenzung rührt daher, dass bis auf einige wichtige Ausnahmen (z. B.
Tomás Mercado und die Puritaner) in der Regel nur die auf Latein
verfassten, gedruckten Quellen beachtet werden. Für eine weniger eingeschränkte Auswahl katholisch-scholastischer Quellen –
vor allem aus der spanischen Welt – verweisen wir auf die wichtige Webseite des „Scholasticon"-Projekts (http://scholasticon.ish-
lyon.cnrs.fr/Database/Scholastiques_fr.php).

Die scholastische Diskursgemeinschaft ist von anderen Quellen,
die sich auf eigene Art mit moralischen Themen beschäftigt haben,
zu unterscheiden. Wer sich ein vollständiges Bild der moralischen
Literatur der Frühen Neuzeit verschaffen will, sollte auch die humanistischen Moralphilosophen (Ebbersmeyer 2010), die Aristoteles-
kommentare (Lines 2002) und die an philosophischen Fakultäten
entstandene Literatur zur Ethik berücksichtigen (Risse 1998). Diese
Texte sind Gegenstand von Forschungen, die sich gerade selbst in
einer Phase der Neuorientierung und der Expansion der Quellenba-
sis (Lines/Ebbersmeyer Hg. 2013) befinden. Für die Zukunft würde
man sich einen intensivierten Dialog zwischen Forschern der soge-

Lateinische ge-
druckte Quellen

nannten „scholastischen" bzw. „humanistischen" Moraltraditionen wünschen. Die Kategorien „scholastisch" bzw. „humanistisch" sind durchaus als „Begriffe im Wandel" zu verstehen (Edelheit 2014, 259).

4.2 Katholische Autoren

4.2.1 Augustiner-Chorherren

Amort, Eusebius (1692–1775), *Theologia eclectica moralis et scholastica*, Augsburg/Würzburg 1752

Amort, Eusebius, *Theologia moralis inter rigorem et laxitatem media*, Augsburg/Würzburg 1758

Michel, Augustinus (1661–1751), *Jus et justitia juridico-theologice tractata*, Augsburg/Dillingen 1697

Michel, Augustinus, *Theologia canonico-moralis tam pro foro interno quam externo*, Augsburg/Dillingen 1707–1712

4.2.2 Augustiner-Eremiten

Aragón, Pedro de (ca. 1545–1592), *In secundam secundae divi Thomae commentaria de iustitia et iure*, Salamanca 1590

Bartolomé Salón, Miguel (1539–1621), *Controversiae de justitia et jure atque de contractibus et commerciis humanis*, Venedig 1608

Beja Perestrelo, Luiz de (ca. 1539–1610), *Responsiones casuum conscientiae*, Bologna 1582

Clenaerts, Pieter (1654–1696), *Theologia moralis deducta per decalogum*, Löwen 1693, Diss. Doct. Nicolaus vanden Reydt

Clenaerts, Pieter, *Theologia universa cum selectis moralibus theologojuridicis*, Löwen 1694, Diss. Doct. Nicolaus vande Poele

Conti, Pietro de (Petrus de Comitibus) (17. Jh.), *Tractatus de poenitentia*, Padua 1686

Dupuy, Jean (Puteanus) (gest. 1623), *Commentaria in summam theologiae divi Thomae*, Toulouse 1627

Farvacques, François (1622–1689), *Disquisitio theologica an peccata mortalia dubia sint in confessione explicanda*, Löwen 1665

Farvacques, François, *Moralis christiana aeternae legis et virtutum luminibus coaptata*, Löwen 1677, Diss. Doct. Jean-François de Longin

Flórez de Setién, Enrique (1701–1773), *Theologia scholastica juxta principia scholae Augustiniano-Thomisticae*, Madrid 1732–1738

Housta, Baudouin de (1677–1760), *Conclusiones ex theologia morali*, Brüssel 1715, Diss. Doct. Jaques Schellekens u. a.

León, Luis de (1527–1591), *De legibus*, Madrid 1963 (Manuskript herausgegeben von L. Pereña)

Octavius Maria a Sancto Josepho (fl. ca. 1700), *Repertorium morale utriusque fori*, Graz 1707

Ponce de León, Basilio (1570–1629), *De impedimentibus matrimonii sive commentarius ad decem Gratiani causas a 27*, Salamanca 1613

Ponce de León, Basilio, *De sacramento matrimonii*, Salamanca 1624

Van der Meere, Michael (Paludanus) (1593–1652), *De contractibus in genere*, Diss. Doct. Milo Van der Stock, Löwen 1649

4.2.3 Barnabiten

Giribaldi, Sebastiano (ca. 1643–1720), *Juris naturalis humanorumque contractuum et censurarum Ecclesiae moralis discussio*, Bologna 1717

Giribaldi, Sebastiano, *Universa moralis theologia juxta sacros canones*, Venedig 1735

Roero, Tommaso Francesco (Rotarius) (1660–1748), *Apparatus universae theologiae moralis*, Frankfurt/Nürnberg 1706

4.2.4 Benediktiner

Babenstuber, Ludwig (1660–1726), *Ethica supernaturalis Salisburgensis sive cursus theologiae moralis*, Augsburg 1718

Graffi, Giacomo (Jacobus de Grafiis) (1548–1620), *Decisiones aureae casuum conscientiae*, Venedig 1591

Kimpfler, Gregor (1627–1693), *Tractatus theologico-moralis in decem Decalogi et quinque Ecclesiae praecepta*, Regensburg 1708

Mezger, Paul (17. Jh.), *Theologia scholastica secundum viam divi Thomae*, Augsburg/Dillingen 1719

Moneda, Andrés de la (1623–1687), *Cursus utriusque theologiae tam scholasticae quam moralis*, Lyon/Madrid 1672–1681

Murga, Pedro de (ca. 1602–1686), *Disquisitiones morales et canonicae*, Lyon 1666

Murga, Pedro de, *Opera canonica et moralia*, Luzern 1684

Pappus von Tratzberg, Franz (fl. erste Hälfte des 18. Jhs.), *Scholasticum personae ecclesiasticae pro foro poli et soli breviarium*, Augsburg 1733

Pettschacher, Benedikt (gest. 1701), *De restitutione/De jure in communi et in specie/De legibus*, Salzburg 1676/1685/1686

Pettschacher, Benedikt, *De contractibus in communi post theologiam scholasticam/De contractibus in particulari*, Wien 1699–1701

Reding von Biberegg, Augustin (1625–1692), *Theologia scholastica*, Einsiedeln 1687

Sayer, Gregory (1560–1602), *Clavis regiae sacerdotum, casuum conscientiae sive theologiae moralis thesauri*, Venedig 1601

Schmier, Benedikt (1682–1744), *Potestas clavium fori interni*, Diss. Doct. Ferdinand Mayer, Salzburg 1729

Schmier, Benedikt, *Sacra theologia scholastico-polemico-practica*, Augsburg 1737

Schnell, Anselm (gest. ca. 1751), *Cursus theologiae moralis abbreviatus*, Augsburg/Regensburg 1740

4.2.5 Dominikaner

Alexandre, Noël (1639–1724), *Theologia dogmatico-moralis secundum ordinem Catechismi Concilii Tridentini*, Paris 1694

Araújo, Francisco de (Franciscus de Arauxo) (1580–1664), *Decisiones morales ad statum ecclesiasticum et civilem pertinentes*, Lyon 1664

Bancel, Louis (1628–1685), *Moralis Thomae opus novum*, Avignon 1677

Bañez, Domingo de (1528–1604), *De jure et justitia*, Salamanca 1594

Baron, Vincent (1604–1674), *Manuductio ad moralem theologiam*, Paris 1665

Billuart, Charles-René (1685–1757), *Summa sancti Thomae hodiernis academiarum moribus accommodata sive cursus theologiae*, Lüttich 1747–1749

Buoninsegni, Tommaso (ca. 1531–1610), *Tractatus ad justas negotiationes inter homines fieri consuetas necessarii*, Florenz 1587

Cagnazzo da Taggia, Giovanni (Johannes de Tabia) (fl. Beginn des 16. Jhs.), *Summa Tabiena*, Venedig 1517

Cajetan, Tommaso de Vio (1469–1534), *Summula peccatorum*, Paris 1526

Cajetan, Tommaso de Vio, *Commentaria ad Summam Theologiam divi Thomae* (in der Editio Leonina von Thomas' *Summa theologiae*)

Candido, Vincenzo (ca. 1572–1654), *Illustriores disquisitiones morales (Speculum moralis Archimedis)*, Lyon 1638

Cano, Melchior (1509–1560), *De locis theologicis*, Salamanca 1563

Cattaneo, Sebastiano (1545–1609), *Summula casus conscientiae complectens*, Padua 1586

Concina, Daniele (1687–1756), *Theologia christiana dogmatico-moralis*, Venedig 1749–1751

Fumi, Bartolemeo (Fumus) (gest. ca. 1555), *Summa aurea armilla nuncupata*, Piacenza 1549

Gonet, Jean-Baptiste (1615–1681), *Clypeus theologiae thomisticae*, Bordeaux 1659–1669

Jansen, Leonhardt (1681–1754), *Theologia moralis universa ad mentem praecipuorum theologorum et canonistarum*, Köln 1725

Labat, Pierre (gest. 1670), *Theologia scholastica secundum divi Thomae doctrinam sive cursus theologicus*, Toulouse 1658–1666

Las Casas, Bartolomé de (1474–1566), *Explicatio quaestionis utrum reges vel principes jure aliquo vel titulo et salva conscientia cives ac subditos a regia corona alienare et alterius domini particularis ditioni subijcere possint?*, Frankfurt am Main 1571 (hg. von Wolfgang Griesstetter)

Ledesma, Martín de (ca. 1509–1574), *In quartum Sententiarum*, Coïmbra 1555–1560

Ledesma, Pedro de (1544–1616), *De matrimonii sacramento super doctrinam sancti Thomae*, Salamanca 1592

Marini, Domenico de (1599–1669), *Commentaria in Summam sancti Thomae*, Lyon 1662–1668

Martínez de Prado, Juan (gest. 1668), *Dubitationes scholasticae et morales de poenitentia*, Segovia 1669

Medina, Bartolomé de (1528–1580), *In primam secundae*, Salamanca 1577

Medina, Bartolomé de, *Instructio confessariorum sive summa casuum conscientiae*, Köln 1601

Mercado, Tomás de (ca. 1530–1579), *Suma de tratos y contratos*, Salamanca 1571

Poinsot, João (Johannes a Sancto Thoma) (1589–1644), *Cursus theologicus*, Alcalá e.a. 1637–1667

Soto, Domingo de (1495–1560), *In causa pauperum*, Salamanca 1545

Soto, Domingo de, *De iustitia et iure*, Salamanca 1553–1554

Soto, Domingo de, *In quartum Sententiarum*, Salamanca 1558–1560

Sylvester da Prierio (1456–1527), *Summa sylvestrina*, Bologna 1515

Tapia, Pedro de (1582–1657), *Catena moralis doctrinae*, Sevilla 1654–1657

Vitoria, Francisco de (1483/92–1546), *Relectiones theologicae*, Lyon 1557

Zanardi, Michele (ca. 1570–1642), *Directorium theologorum ac confessorum*, Cremona 1612–1614

Zenner, Albert, *Dilucidatio regularum juris in Sexto theologiae et jurisprudentiae amantium commodo exposita*, Konstanz 1664

4.2.6 Franziskaner-Kapuziner

Barbieri da Castelvetro, Bartolomeo (1615–1697), *Cursus theologicus*, Lyon 1687

Bassée, Éloi de la (Bassaeus) (ca. 1585–1670), *Flores totius theologiae practicae tum sacramentalis tum moralis*, Douai 1637

Caspe, Luis de (Caspensis) (1582–1650), *Cursus theologicus secundum ordinem divi Thomae*, Lyon 1641–1643

Longo a Coriolano, Francesco (1562–1625), *De casibus reservatis*, Köln 1619

Longo a Coriolano, Francesco *Sancti Bonaventurae Summa theologica ad instar Summae divi Thomae*, Rom 1622

Paris, Yves de (Parisinus) (ca. 1588–1678), *Jus naturale rebus creatis a Deo constitutum*, Paris 1658

4.2.7 Franziskaner-Konventualen

Bérulle, Marc de (1616–1682), *Theologia universa ad mentem Scoti*, Grenoble 1668–1670

Dupasquier, Sébastien (17 Jh.), *Summa theologiae scotisticae*, Chambéry 1698

Fabri, Filippo (Faber/Faventinus) (1564–1630), *Disputationes theologicae de restitutione et extrema unctione*, Venedig 1624

Mastri da Meldola, Bartolomeo (Mastrius) (1602–1673), *Theologia moralis ad mentem doctorum Seraphici [=Bonaventurae] et Subtilis [=Scoti]*, Venedig 1671

Rossi da Lugo, Alessandro (Rubeus) (1607–1686), *Resolutiones morales juxta mentem Scoti et Thomae*, Bologna 1664

Sasserath, Rainer (1696–1771), *Directorium confessariorum*, Köln 1739

Volpi, Angelo (Vulpes) (gest. 1647), *Theologiae Summa Duns Scoti et commentaria*, Neapel 1622–1646

Wissingh, Anton (1649–1716), *Medulla totius theologiae scholasticae ad mentem Scoti*, Trier 1695

4.2.8 Franziskaner-Observanten

Anglés, José (gest. ca. 1588), *Flores theologicarum quaestionum in quartum librum Sententiarum*, Lyon 1575

Bielinski, Piotr (Petrus Posnaniensis) (17. Jh.), *Decisiones totius theologiae speculativae et moralis ad mentem Scoti*, Venedig 1629

Castro, Alfonso de (ca. 1495–1588), *Adversus omnes haereses*, Paris 1534

Castro, Alfonso de, *De iusta haereticorum punitione*, Salamanca 1547

Castro, Alfonso de, *De potestate legis poenalis*, Salamanca 1550

Córdoba, Antonio de (Cordubensis) (1485–1578), *Libellus de detractione et famae restitutione*, Alcalá 1553

Córdoba, Antonio de, *Tratado de casos de consciencia*, Toledo 1578

Dubois, Jean (Johannes Boscus) (geb. 1613), *Theologia sacramentalis scholastica et moralis ad mentem Scoti*, Löwen 1665–1685

Durand, Barthélémy (gest. 1720), *Clypeus scoticae theologiae contra novos eius impugnatores*, Marseille 1685–1686

Durand, Barthélémy, *Dissertationes pro foro tam sacramentali quam contentioso seu opus morale ad normam juris canonici*, Avignon 1703

Felix, Francisco (ca. 1592–1650), *Tentativa Complutensis*, Alcalá 1642–1645

Guitart, Rafael (17. Jh.), *Compilatio praecipuarum disputationum et quaestionum cum suis probabilioribus opinionibus theologiae moralis Bartholomaei Mastrii*, Girona 1680–1684

Herincx, Wilhelm (1621–1678), *Summa theologica scholastica et moralis*, Antwerpen 1660

Herrera, Francesco (ca. 1551–1612), *Manuale theologicum*, Rom 1607

Iribarne e Uraburu, Juan (17. Jh.), *Tractatus de actibus humanis iuxta mentem Scoti*, Venedig 1635

Llamazares, Tomás (17. Jh.), *Quaestiones sive disputationes theologicae, scholasticae, dogmaticae et morales ad mentem Scoti*, Lyon 1679

Merinero, Juan (1583–1663), *Cursus theologicus iuxta Duns Scoti mentem*, Madrid 1668

Potestà, Felice (ca. 1649–1702), *Examen ecclesiasticum in quo omnes casus conscientiae resolvuntur*, Köln 1712

Punch, John (Poncius) (ca. 1599–1661), *Theologiae cursus integer ad mentem Scoti*, Paris 1652

Rourke, Anthony (Antonius Ruerk) (fl. erste Hälfte des 18. Jhs.), *Cursus theologiae scholasticae in via Duns Scoti*, Valladolid 1746–1747 (anschließend von Barolomeo Sarmentero und Francisco de la Lanza vervollständigt)

Rada, Juan de (ca. 1545–1608), *Sancti Thomae et Scoti controversiarum theologicarum quaestionum resolutio*, Salamanca 1586

Sannig, Bernhard (1637–1704), *Schola theologica Scotistarum seu cursus theologicus completus ad mentem Duns Scoti*, Prag 1679–1681

Thenhaven, Bernhard (fl. erste Hälfte des 18. Jhs.), *Nucleus theologiae canonico-moralis*, Köln 1745

4.2.9 Franziskaner-Reformaten

Faber, Franz Xaver (ca. 1660–1731), *Speculum justitiae*, Diss. Doct. Silverius Streitl und Clemens Achner, München 1692

Faber, Franz Xaver, *Compendium theologicum de casibus reservatis*, Ingolstadt 1701

Hermann, Amand (1639–1700), *Tractatus theologici de sacramentis, censuris et poenis ecclesiasticis ad mentem Duns Scoti*, Köln 1690

Hermann, Amand, *Ethica sacra scholastica speculativo-practica ad mentem Duns Scoti*, Würzburg 1698

Karg, Stanislaus (fl. erste Hälfte des 18. Jhs.), *Manuale theologico-canonico-legale practicum*, Augsburg 1738

Krisper, Crescentius (ca. 1679–1749), *Theologia scholae Scotisticae*, Augsburg 1728–1729

Montefortino, Girolamo da (1662–1738), *Duns Scoti Summa theologia juxta ordinem Summae sancti Thomae*, Rom 1728–1739

Mosmü(i)ller, Floridus (17 Jh.), *Resolutiones voluntariae et involuntariae ad quaestiones theologico-morales*, München 1692, Diss. Doct. Ignaz Zeidlmayr u. a.

Reiffenstuel, Anaklet (1642–1703), *Theologia moralis iuxta sacros canones et novissima decreta summorum pontificum*, München 1692

Zetl, Gerhard (1683–1745), *Confessarius tam saecularis quam regularis juxta triplex officium judicis, doctoris et medici*, München 1729

4.2.10 Franziskaner-Rekollekten

Elbel, Benjamin (1690–1756), *Conferentiae theologico-morales seu casus conscientiae*, Passau 1727

Elbel, Benjamin, *Theologia moralis (decalogalis) sacramentalis casibus practicis illustrata*, Augsburg 1731–1733

Henno, François (gest. erste Hälfte des 18 Jhs.), *Tractatus de restitutione, jure et justitia*, Douai 1706

Henno, François, *Tractatus moralis in Decalogi praecepta*, Douai 1706

Henno, François, *Theologia dogmatica, moralis et scholastica. Opus principiis thomisticis et scotisticis accommodatum*, Venedig 1719

Holzmann, Apollonius (1681–1753), *Externa actuum humanorum regula seu lex*, Passau 1717, Diss. Doct. Gebhard Umbhofer

Holzmann, Apollonius, *Theologia moralis conscientiae casibus illustrata*, Kempten 1737–1740

Holzmann, Apollonius, *Jus canonico-practicum casibus illustratum*, Kempten/Augsburg, 1748

Kazenberger, Kilian (1681–1750), *Supplementum conferentiarum theologico-moralium Patritii Sporer*, Salzburg 1724

Kazenberger, Kilian, *Supplementum conferentiarum theologico-moralium Elisaei Sargar*, Augsburg 1726

Marchant, Pierre (1585–1661), *Tribunal sacramentale et visibile animarum*, Gent 1642–43

Panger, Marinus (1664–1733), *Theologia scholastica moralis-polemica juxta mentem Duns Scoti*, Augsburg 1732

Sargar, Elisaeus (17. Jh.), *Conferentiae theologico-morales ex materia septem sacramentorum*, Kempten 1697 (einschließlich einer 1701 erschienenen *Continuatio conferentiarum theologico-moralium*)

Sporer, Patritius (17. Jh.), *Tyrocinium theologiae moralis*, Würzburg
1660

Sporer, Patritius, *Theologia moralis super Decalogum*, Salzburg 1681

4.2.11 Jesuiten

Antoine, Paul-Gabriel (1678–1743), *Theologia moralis universa*, Nancy
1726

Arriaga, Rodrigo de (1592–1667), *Disputationes theologicae*, Antwerpen 1643–1655

Azor, Juan (1536–1603), *Institutiones morales*, Lyon 1610–1612

Bauny, Étienne (1564–1649), *Theologia moralis*, Paris 1640–1642

Bauny, Étienne, *Libri tres in quibus quae in contractuum ac quasi
contractuum materia videntur ardua ac difficilia enucleantur*,
Paris 1645

Becanus, Martin (1563–1624), *Theologia scholastica*, Mainz 1612–1614

Biesman, Caspar (1639–1714), *Doctrina moralis in brevissimum compendium ex variis probatisque auctoribus redacta*, Köln 1689

Blázquez, Juan (1693–1741), *De justitia et jure dissertatio generalis
ethico-theologica*, Granada 1729

Bresser, Martin (1587–1635), *De conscientia*, Antwerpen 1638

Burghaber, Adam (1608–1687), *Disputatio theologica de legibus*, Freiburg im Br. 1659, Diss. Doct. Johann Baptist Thanaia

Burghaber, Adam, *Assertiones theologicae de virtute justitiae*, Freiburg im Br. 1660, Diss. Doct. Johann Georg Deck

Burghaber, Adam, *Centuria casuum conscientiae*, Freiburg im Br.
1665

Busaeus, Johannes (1538–1603), *De jejunio et delectu ciborum*, Mainz
1581, Diss. Doct. Johann Schnied

Busaeus, Johannes, *Viridarium christianarum virtutum*, Mainz 1610

Busem(n)baum, Hermann (1600–1668), *Medulla theologiae moralis
resolvens casus conscientiae*, Münster 1650

Castro Palao, Fernando de (1583–1633), *Opus morale*, Lyon 1641–1651

Channevelle, Jacques (1620–1699), *Ethica seu philosophia moralis
juxta principia Aristotelis*, Paris 1666

Comitoli, Paolo (1545–1626), *Responsa moralia*, Lyon 1609

Comitoli, Paolo, *Doctrina de contractu*, Lyon 1615

Compton Carleton, Thomas (ca. 1592–1666), *Prometheus christianus
seu liber moralium*, Antwerpen 1652

Compton Carleton, Thomas, *Cursus theologicus*, Lüttich 1659–1662

Conimbricensis cursus disputationes in libros ethicorum Aristotelis ad Nicomachum, Lissabon 1593

De Coninck, Gilles (Aegidius) (1571–1633), *Commentaria ac disputationes in doctrinam divi Thomae de sacramentis et censuris*, Antwerpen 1616

Del Rio, Martín Antonio (1551–1608), *Disquisitiones magicae*, Löwen 1599

Dicastillo, Juan de (1584–1653), *De justitia et jure*, Antwerpen 1641

Dicastillo, Juan de, *De sacramentis disputationes scholasticae et morales*, Antwerpen 1646–1652

Drexel, Jeremias (1581–1638), *Antigrapheus sive conscientia hominis*, Neuburg 1652

Escobar y Mendoza, Antonio (1589–1669), *Liber theologiae moralis viginti quatuor Societatis Jesu doctoribus reseratus*, Lyon 1644

Fabri, Honoré (Honoratus Faber) (ca. 1607–1688), *Apologeticus doctrinae moralis Societatis Jesu*, Lyon 1670

Fagundez, Estevão (1577–1645), *In quinque Ecclesiae praecepta*, Lyon 1626

Fagundez, Estevão, *De justitia et contractibus et de acquisitione et translatione dominii*, Lyon 1641

Figliucci, Vincenzo (1566–1622), *Morales quaestiones de Christianis officiis et casibus conscientiae*, Lyon 1622

Figliucci, Vincenzo, *Brevis instructio pro confessionibus*, Ravensburg 1626

Funes, Martín de (1560–1611), *Speculum morale et practicum*, Konstanz 1598

Gibalin, Joseph (1592–1671), *Disquisitiones canonicae et theologicae de sacra jurisdictione in ferendis poenis et censuris*, Lyon 1655

Gibalin, Joseph, *De usuris, commerciis deque aequitate et usu fori Lugdunensis*, Lyon 1657

Gibalin, Joseph, *De universa rerum humanarum negotiatione tractatio scientifica utrique foro perutilis*, Lyon 1663

Gibalin, Joseph, *Scientia canonica et hieropolitica*, Lyon 1670

Gobat, Georges (1600–1679), *Theologia juridico-moralis seu accusatio canonica ebriosi*, Konstanz 1661

Gobat, Georges, *Opera moralia sive quinarius tractatum theologo-juridicorum*, München 1681

González de Santalla, Tirso (1624–1705), *Fundamentum theologiae moralis, i.e. tractatus theologicus de recto usu opinionum probabilium*, Rom 1694

Gordon Lismore, James (1553–1641), *Theologia moralis universa*, Paris 1634

Gormaz, Juan Bautista (1650–1708), *Cursus theologicus*, Augsburg 1707

Granado, Diego (1571–1632), *Commentarii in Secundam Secundae divi Thomae*, Sevilla 1631

Grets(ch)er, Jakob (1562–1625), *Disputatio theologica de jure et justitia in communi*, Ingolstadt 1601, Diss. Doct. Virgil Maurer

Grets(ch)er, Jakob, *Disputationes matrimoniales, altera de cognatione, affinitate et polygamia; altera de judice causarum*, Ingolstadt 1611

Grets(ch)er, Jakob, *Summula casuum conscientiae de sacramentis*, Ingolstadt 1611

Heislinger, Anton (1668–1745), *Responsa moralia in causis justitiae commutativae de restitutione et contractibus*, Ingolstadt 1726

Heislinger, Anton, *Resolutiones morales in causis justitiae commutativae*, Ingolstadt 1738

Heislinger, Anton, *Semicenturia variarum resolutionum moralium pro foro interno atque externo*, München 1745

Henríquez, Enrique (1536–1608), *Summa theologiae moralis*, Salamanca 1591–1593

Hurtado, Gaspar (1575–1646), *De matrimonio et censuris*, Alcalá 1627

Hurtado, Gaspar, *De justitia et jure*, Madrid 1637

Hurtado de Mendoza, Pedro (1578–1641), *Scholasticae et morales disputationes de tribus virtutibus theologicis*, Salamanca 1631

Illsung, Jakob (1632–1695), *Arbor scientiae boni et mali sive heologia practica universa de bono et malo morali*, Dillingen 1693

Lacroix, Claude (1652–1714), *Theologia moralis ex probatis auctoribus*, Köln 1707–1714

Laymann, Paul (1574–1635), *Theologia moralis*, München 1625

Lessius, Leonardus (Lenaert Leys) (1554–1623), *De justitia et jure ceterisque virtutibus cardinalibus*, Löwen 1605

Lessius, Leonardus, *In III Partem D. Thomae de Sacramentis et Censuris*, in: Praelectiones theologicae posthumae. Accesserunt variorum casuum conscientiae resolutiones, hg. von J. Wijns, Löwen 1645

Lugo, Juan de (1583–1660), *Disputationes scholasticae et morales de virtute et sacramento poenitentiae*, Lyon 1636

Lugo, Juan de, *Disputationes de justitia et jure*, Lyon 1642

Lugo, Juan de, *Responsa moralia*, Lyon 1651

Maldonado, Juan de (1533–1583), *Summula quaestiones casuum conscientiae in se complectens*, Köln 1604

Marcellius, Heinrich (1593–1664), *Armentarium scientificum in quo continentur dicta philosophica, theologica, juridica, medica et moralia*, Paris 1635

Mariana, Juan de (1536–1623), *De monetae mutatione*, Köln 1609

Martinon, Jean (Antoine Moraines) (1586–1662), *Disputationes theologicae*, Bordeaux 1644–1646

Mauro, Silvestro (1619–1687), *De justitia Aristotelis Ethicorum ad Nicomachum cum commentariis*, hg. von J. B. Schuster, Rom 1938

Mayr, Anton (1673–1749), *Theologia scholastica tractatus omnes in universitatibus provinciae Germaniae superioris Societatis Jesu tradi solitos et quaestiones in iis praescriptas complexa*, Ingolstadt 1730–1732

Mendo, Andrés (1608–1684), *De jure academico quaestiones theologicae morales, juridicae, historicae et politicae*, Salamanca 1655

Mendo, Andrés, *De ordinibus militaribus disquisitiones canonicae, theologicae morales et historicae pro foro interno et externo*, Salamanca 1657

Molina, Luís de (1535–1600), *De justitia et jure*, Cuenca/Antwerpen 1593–1609

Morawski, Jan (1633–1700), *Quaestiones theologicae ad Summam Thomae ex praelectionibus ad Primam et ad Primam Secundae*, Kalisch 1681

Munies(s)a, Tomás (1627–1696), *Stimulus conscientiae*, Saragossa 1696

Oñate, Pedro de (1568–1646), *De contractibus*, Rom 1646

Pereyra, Ben(i)to (ca. 1605–1681), *Promptuarium theologicum morale secundum jus commune et Lusitanum*, Lissabon 1676

Pereyra, Ben(i)to, *Elucidarium theologiae moralis et juris utriusque*, Venedig 1678

Pérez, Antonio (1599–1649), *De justitia et jure, de restitutione et de poenitentia opus posthumum*, Rom 1668

Platel, Jacques (1608–1681), *Synopsis cursus theologici*, Douai 1678–1683

Polanco, Juan de (1517–1576), *Breve directorium ad confessarii ac confitentis munus recte obeundum*, Löwen 1554

Praepositus, Johannes (Jean Le Prévost) (1570–1634), *Commentaria in Primam Secundae divi Thomae*, Douai 1637

Rassler, Christoph (1654–1723), *Norma recti*, Ingolstadt 1713

Rebelo, Fernão (1547–1608), *Opus de obligationibus justitiae, religionis et charitatis*, Lyon 1608

Regnault, Valère (Reginaldus) (1549–1623), *Praxis fori poenitentialis ad directionem confessarii in usu sacri sui muneris*, Lyon 1616

Ribadeneira, Gaspar de (1611–1675), *Tractatus de actibus humanis in genere*, Alcalá 1655

Ricci, Giuseppe (1650–1713), *Fundamentum theologiae moralis seu de conscientia probabili*, Neapel 1702

Sá, Manuel de (1528–1596), *Aphorismi confessariorum ex doctorum sententiis collecti*, Antwerpen 1599

Salas, Juan de (1553–1612), *Tractatus de legibus in primam secundae sancti Thomae*, Lyon 1611

Salas, Juan de, *Comentarii in secundam secundae divi Thomae de contractibus*, Lyon 1617

Sánchez, Tomás (1550–1610), *Disputationes de sancto matrimonii sacramento*, Genua 1602

Sánchez, Tomás, *Opus morale in praecepta Decalogi*, Antwerpen 1614

Sánchez, Tomás, *Opuscula sive consilia moralia*, Lyon 1634

Sforza Pallavicino (1607–1667), *Assertiones theologicae*, Rom 1649–1652

Sforza Pallavicino, *In Primam Secundae divi Thomae*, Lyon 1653

Stoz, Matthäus (1614–1678), *Tribunal poenitentiae seu libri duo, prior de poenitente ut reo, posterior de confessario ut judice*, Dillingen 1684 (posthum herausgegeben und erweitert von Philipp Kilian)

Suárez, Francisco (1548–1617), *De censuris in communi, excommunicatione, suspensione, interdicto et irregularitate*, Coimbra 1602

Suárez, Francisco, *De legibus ac Deo legislatore*, Coimbra 1612

Tamburini, Tommaso (1591–1675), *Explicatio Decalogi in qua omnes conscientiae casus ad Decem Praecepta pertinentes declarantur*, Venedig/Mailand 1654–55

Tamburini, Tommaso, *Juris divini, naturalis et ecclesiastici moralis expositio*, Palermo 1661

Tanner, Adam (1572–1632), *Disputationes in omnes partes Summae theologiae sancti Thomae*, Ingolstadt 1618

Tanner, Adam, *Universa theologia scholastica, speculativa, practica ad methodum sancti Thomae*, Ingolstadt 1627–1628

Terillus, Antonius (Anthony Boville) (1621–1676), *Fundamentum totius theologiae moralis seu tractatus de conscientia probabili*, Lüttich 1669

Toletus, Franciscus (Francisco de Toledo) (1534–1596), *Summa casuum conscientiae*, Köln 1599

Turrianus, Ludovicus (Luis Torres) (1562–1655), *Disputationes in Secundam Secundae divi Thomae*, Lyon 1617–1621

Turrianus, Ludovicus, *Summa theologiae moralis*, Lyon 1634

Valenc(t)ia, Gregorio de (1550–1603), *De discernenda humanorum contractuum justitia et injustitia*, Ingolstadt 1577, Diss. Doct. Paul Vizanus

Valenc(t)ia, Gregorio de, *Commentaria theologica in Summam Theologiae divi Thomae*, Ingolstadt 1603

Váz(s)quez, Gabriel (1549–1604), *Commentaria ac disputationes in Summam Theologiae divi Thomae*, Alcalá 1598–1615

Váz(s)quez, Gabriel, *Opuscula moralia*, Alcalá 1617

Wadding, Peter (1583–1644), *Tractatus de contractibus*, Graz 1644

Wietrowski, Maximilian (1660–1737), *Selectae conclusiones theologicae*, Prag 1726–1728

4.2.12 Karmeliten

Bonne Espérance, François de la (Franciscus Bonae Spei) (1617–1677), *Commentarii in universam theologiam scholasticam*, Antwerpen 1667

Conception, Blaise de la (17 Jh.), *Philosophia moralis iuxta divi Thomae doctrinam methodumque*, Paris 1647

Cornejo de Pedrosa, Pedro (ca. 1556–1618), *Theologia scholastica et moralis*, Bamberg 1671

Cruce, Andrea a (Andrea Lao) (1614–1675), *In primam partem divi Thomae disputationes theologicae*, Genua 1650–1656

Cursus Salmanticensis Fratrum Discalceatorum de Monte Carmeli theologicus Summam Theologicam divi Thomae complectens (Cursus theologicus Salmanticensis), 1631–1712, unter Mitarbeit von Antonio de la Madre de Dios (1583–1637), Francisco de Jesús María (ca. 1599–1677), Domingo de Santa Teresa (ca. 1604–1660) und Juan de la Anunciación (ca. 1633–1701)

Lezana, Juan Bautista de (1586–1659), *Consulta varia theologica, juridica et regularia pro conscientiarum instructione*, Venedig 1651

Lezana, Juan Bautista de, *Summa theologiae*, Rom 1654

Lumbier, Raimundo (1616–1684), *Observationes theologicae morales*, Barcelona 1682

Saint Joseph, Daniel de (1601–1666*), Disputationes in Summam theologicam divi Thomae*, Caen 1649

San Christophoro, Sebaldus a (fl. erste Hälfte des 18. Jhs.), *Quaestiones morales*, Straubing/Würzburg 1726–1728

San Christophoro, Sebaldus a, *Theologia juridico-canonico-polemico-moralis*, Würzburg 1740

Sancto Paolo, Stephanus a (1625–1694), *Theologia moralis*, Antwerpen 1664

Trinité, Philippe de la (1603–1671), *Disputationes theologicae*, Köln 1656

4.2.13 Kartäuser

Alcolea, Martín de (1594–1672), *Antonini Dianae coordinatum seu omnes resolutiones morales*, Lyon 1667

Le Masson, Innocent (1627–1703), *Theologia moralis practica per tabulas distincta et exposita*, Paris 1662

Manerio, Vincente (gest. 1551), *Summula casuum conscientiae*, Neapel 1540

Rossell, José (gest. 1664), *Tractatus sive praxis deponendi conscientiam in dubiis et scrupulis circa casus morales occurentibus*, Lyon 1660

Valero, Juan de (1550–1625), *Differentiae inter utrumque forum, iudiciale videlicet et conscientiae*, Mallorca 1616

4.2.14 Oratorianer

Cabassut, Jean (1604–1685*), Juris canonici theoria et praxis ad forum tam sacramentale quam contentiosum*, Lyon 1660

Mansi, Giuseppe (1607–1694), *Locupletissima bibliotheca moralis praedicabilis*, Mainz 1670–1674

4.2.15 Prämonstratenser

De Cocq, Florens (1648–1693), *Principia totius theologiae moralis et speculativae maxime ex Augustino deprompta*, Köln 1682
De Cocq, Florens, *De iure, iustitia et annexis tractatus quatuor theologo-canonice expositi juri Belgico accommodati*, Köln 1687
Jansen, Leonard (1681–1754), *Theologia moralis ad mentem praecipuorum theologorum et canonistarum*, Köln 1725
Prickartz, Joseph (1696–1757), *Theologia moralis universa*, Köln 1752–1754

4.2.16 Redemptoristen

Liguori, Alfonso Maria de' (1696–1787), *Theologia moralis*, Bologna 1763 (erste, hauptsächlich als Kommentar auf Busembaum aufgefasste Edition: Neapel 1748)

4.2.17 Theatiner-Regularkleriker

Aversa, Raffaele (1589–1657), *De ordinis et matrimonii sacramentis tractatus theologici ac morales*, Bologna 1642
Diana, Antonino (1585–1663), *Resolutiones morales*, Palermo/Lyon/Venedig/Rom 1628–1656
Hurtado, Tomás (gest. 1659), *Resolutionum moralium libri sex juxta principia moralia divi Thomae et Cajetani*, Lyon 1651
Molfese, Andrea (ca. 1573–1620), *Promptuarium juris divini, canonici et civilis seu summa moralis theologiae et casuum conscientiae*, Neapel 1619
Pasqualigo, Zaccaria (1600–1664), *Decisiones morales*, Verona 1641
Pasqualigo, Zaccaria, *Variae quaestiones morales-canonicae*, Rom 1647–1652
Schiara, Antonio Tommaso (gest. 1718), *Theologia bellica*, Rom 1702–1715

4.2.18 Zisterzienser

Caramuel y Lobkowitz, Juan (1606–1682), *Theologia moralis ad prima atque clarissima principia reducta*, Löwen 1645

Caramuel y Lobkowitz, Juan, *Theologia moralis fundamentalis, prae-terintentionalis, decalogica, sacramentalis, canonica, regularis, civilis, militaris*, Frankfurt am Main 1652

Caramuel y Lobkowitz, Juan, *Pandoxion physico-ethicum*, Campagna 1678

Eustache Asseline (Eustachius a Sancto Paulo) (ca. 1573–1640), *Summa philosophiae quadripartita de rebus dialecticis, ethicis, physicis et metaphysicis*, Paris 1609

Eustache Asseline, *Ethica sive summa moralis disciplinae*, Cambridge 1654

Llamas, Jerónimo (1553–1611), *Methodus curationis animorum in qua totius theologiae moralis doctrinae perstringuntur*, Madrid 1600

Lorca, Pedro de (1561–1612), *Commentaria et disputationes in Primam Secundae divi Thomae*, Alcalá 1609

Mendoza, Luis de (gest. ca. 1612), *Summa totius theologiae moralis septem arboribus comprehensa*, Madrid 1598

Saint-Joseph, Pierre de (Petrus a Sancto Josepho) (1594–1662), *Summula casuum conscientiae*, Paris 1647

Saint-Joseph, Pierre de, *Idea theologiae moralis paucis multa complectens de legibus, peccatis, virtutibus ac iustitia*, Köln 1648

San Fausto, Bartolomeo de (gest. 1636), *Theologia moralis*, Neapel 1632

4.2.19 Nicht-ordensgebundene Autoren

Adrian von Utrecht (Papst Hadrian VI.) (1459–1523), *Quaestiones in quartum sententiarum praesertim circa sacramenta*, Paris 1516

Adrian von Utrecht (Papst Hadrian VI.), *Quaestiones quodlibeticae duodecim, quibus accesserunt Joannis Briardi Athensis quaestiones item quodlibeticae*, Paris 1527

Almain, Jacques (ca. 1480–1515), *Moralia*, Paris 1510

Azpilcueta, Martín de (Dr. Navarrus) (1492–1586), *In tres de poenitentia distinctiones posteriores commentarii*, Coimbra 1542

Azpilcueta, Martín de, *Enchiridion sive manuale confessariorum et poenitentium*, Rom 1573

Azpilcueta, Martín de, *Commentarius de finibus humanarum actuum, in cap. Cum minister*, Lyon 1573

Azpilcueta, Martín de, *Commentarius de datis et promissis*, Rom 1575

Bonacina, Martin (1585–1631), *De contractibus et restitutione*, Brescia 1623

Bonacina, Martin, *De censuris et poenis ecclesiasticis ad conscientiae praxim et ad externum judiciale forum*, Brescia 1625

Bonacina, Martin, *De magno matrimonii sacramento*, Brescia 1625

Bonacina, Martin, *De legibus, peccatis et praeceptis Decalogi*, Brescia 1625

Covarrubias y Leyva, Diego de (1512–1577), *Opera omnia*, Turin 1594

Habert, Louis (1635–1718), *Compendium theologiae dogmaticae et moralis*, Paris 1714

Huygens, Gummarus (1631–1702), *Theses theologicae de furto, compensatione occulta et restitutione*, Löwen 1684, Diss. Doct. Leonard Thisius

Huygens, Gummarus, *Observationes de peccatis et legibus*, Lüttich 1694

Malderen, Jan van (Johannes Malderus) (1563–1633), *De virtutibus theologicis et justitia et religione commentaria ad Secundam Secundae divi Thomae*, Antwerpen 1616

Malderen, Jan van, *In Primam Secundae divi Thomae commentaria*, Antwerpen 1623

Marchant, Jakob (ca. 1585–1648), *Resolutiones pastorales de praeceptis, vitiis capitalibus et sacramentis*, Köln 1647

Marchius, Ewald (17. Jh.), *Nucleus tractatus practici de jure et justitia, theologis, canonistis, jurisperitis pro conscientiae regimine*, Köln 1658

Marchius, Ewald, *Nucleus practici tractatus de legibus in quo legis aeternae, naturalis, gentium, positivae, divinae, humanae, canonicae ac civilis simulque praxis judiciariae materia explicatur*, Köln 1660

Medina, Juan de (1490–1546), *De poenitentia, restitutione et contractibus*, Ingolstadt 1581

Navarra, Pedro de (16. Jh.), *De ablatorum restitutione in foro conscientiae*, Lyon 1593

Summenhart, Conrad (ca. 1455–1502), *Opus septipertitum de contractibus pro foro conscientiae atque theologico*, Haguenau 1500

Tournély, Honoré (1658–1729), *Praelectiones theologicae sive tractatus de universa theologia morali*, Paris 1725–1729

Vermeulen, Jan (Johannes Molanus) (1533–1585), *Theologiae practicae compendium*, Köln 1585

Wiggers, Johannes (1571–1639), *Commentaria de jure et justitia ceterisque virtutibus cardinalibus*, Löwen 1639

4.3 Protestantische Autoren

4.3.1 Anglikanisch

Andrewes, Lancelot (1555–1626), *The moral law expounded*, London 1642

Barlow, Thomas (ca. 1608–1691), *Cases of conscience*, London 1692

Hall, Joseph (1574–1656), *Resolutions and decisions of cases of conscience*, London 1649

Sanderson, Robert (1587–1663), *Cases of conscience*, London 1660

Sharp, John (ca. 1644–1714), *A discourse concerning conscience*, London 1684

Taylor, Jeremy (1613–1667), *Ductor dubitantium*, London 1660

4.3.2 Evangelisch-lutherisch

Baier, Johann Wilhelm (1647–1695), *Compendium theologiae moralis*, Jena 1697

Balduin, Friedrich (1575–1627), *Tractatus de casibus conscientiae*, Wittenberg 1628

Bechmann, Friedemann (1628–1703), *Theologia conscientiaria sive tractatus de casibus conscientiae*, Jena 1705

Bec(k)mann, Johann Christoph (1641–1717), *Lineae doctrinae moralis de natura moralium variisque casibus ductae*, Frankfurt an der Oder 1679

Brochmand, Jesper Rasmussen (1585–1652), *Universae theologiae systema*, Kopenhagen 1633

Bruckner, Wilhelm Hieronymus (1656–1736) *Disputatio iuridica de eo, quod iustum est in foro externo et interno*, Diss. Doct. Christophorus Frise, Jena 1691

Buddeus, Johann Franz (1667–1729), *Institutiones theologiae moralis*, Leipzig 1711

Calixt, Georg (1586–1656), *Epitome theologiae moralis*, Helmstadt 1620

Calov, Abraham (1612–1686), *Systema locorum theologicorum*, Wittenberg 1655–1677

Chemnitz, Martin (1522–1586), *Loci theologici*, Frankfurt am Main 1608

Dannhauer, Johann Conrad (1603–1666), *Liber conscientiae apertus sive theologiae conscientiariae*, Straßburg 1662–1667

Dorsche, Johann Georg (1597–1659), *Theologia moralis ex manuscriptis edita*, hg. von J. F. Mayer, Wittenberg 1685

Dunte, Ludwig (1597–1639), *Decisiones mille et sex casuum conscientiae e diversis theologorum scriptis*, Lübeck 1636

Friedlieb, Philipp Heinrich (1603–1663), *Medulla theologiae*, Stettin 1655

Hemmingsen, Niels (1513–1600), *Enchiridion theologicum praecipua verae religionis capita continens*, Wittenberg 1559

Hemmingsen, Niels, *Syntagma institutionum christianorum*, Genf 1578

Kessler, Andreas (1595–1643), *Theologia casuum conscientiae*, hg. von J.C. Seldius, Wittenberg 1658

König, Georg (1590–1654), *Casus conscientiae*, Altdorf 1654

Kortholt, Christian (1633–1694), *Theologia moralis*, Kopenhagen 1716

May der Ältere, Johann Heinrich (1653–1719), *Synopsis theologiae moralis*, Gießen 1697

Mengering, Arnold (1596–1647*), Refectorium conscientiae evangelicum: Evangelisches Gewissens-Recht*, Altenburg 1638

Mengering, Arnold, *Informatorium conscientiae evangelicum*, Altenburg 1644

Misler, Johann Nikolaus (1614–1683), *Opus novum quaestionum practico-theologicarum sive casuum conscientiae*, Frankfurt am Main 1676

Olearius, Johann (1639–1713), *Universa theologia positiva, polemica, exegetica et moralis*, Halle 1678

Olearius, Johann, *Doctrina theologiae moralis*, Leipzig 1681

Osiander, Johann Adam (1622–1697), *Theologia moralis*, Tübingen 1678

Osiander, Johann Adam, *Theologia casualis*, Tübingen 1680

Rixner, Heinrich (1634–1692), *Instructiones theologiae moralis*, Frankfurt am Main 1690

Schomer, Justus Christoph (1648–1693), *Specimen theologiae moralis*, Rostock 1691

Steuber, Johann (1590–1643), *Theologiae moralis tractatus de conscientia recta, erronea et probabili*, Marburg 1642

Strauch, Aegidius (1632–1682), *Theologia moralis*, Greifswald/Leipzig 1708

Zentgraf, Johann Joachim (1643–1707), *Summa juris divini sive isagogica institutio doctrinae de justitia et jure*, Straßburg 1699

4.3.3 Reformiert

Alsted, Johann Heinrich (1588–1638), *Summa casuum conscientiae*, Frankfurt am Main 1628

Alsted, Johann Heinrich, *Theologia casuum*, Hanau 1630

Althusius, Johannes (1563–1638), *Dicaeologicae libri tres*, Herborn 1617

Daneau, Lambert (ca. 1530–1595), *Ethices christianae libri tres*, Genf 1577

Dedekenn, Georg (1564–1628)/Johann Ernst Gerhard (1621–1668)/ Christian Grübel (1642–1715), *Thesaurus consiliorum et decisionum*, Hamburg 1671

Forbes, John (1593–1648), *Theologiae moralis liber octavus*, Aberdeen 1632

Hombergk zu Bach, Johann Friedrich (1673–1748), *Disputatio juridica de discrimine fori externi et interni*, Diss. Doct. Johann Vitus Marggraff, Marburg 1707

Junius, Franciscus (1545–1602), *De vera theologia*, Leiden 1594

Keckermann, Bartholomäus (ca. 1572–1608), *Systema ethicae*, Hanau 1607

Lüthardt, Christoph (1590–1663), *Ethica sacra*, Bern 1631

Musculus, Wolfgang (1497–1536), *In Decalogum praeceptorum Dei explanatio*, Basel 1553

Pictet, Benedict (1655–1724), *Medulla ethicae christianae*, Genf 1712

Polanus von Polansdorf, Amandus (1561–1610), *Syntagma theologiae christianae*, Hanau 1609

Rivet, André (1572–1651), *Praelectiones in cap. XX Exodi*, Lyon 1637

Schoock, Maarten (1614–1669), *Exercitationes sacrae undeviginti quibus excutiuntur varii conscientiae casus*, Groningen 1657

Schoock, Maarten, *Diatriba de jure naturali*, Groningen 1659

Turrettini, François (1623–1687), *Institutio theologiae elencticae*, Genf 1679–85

Van der Meulen, Johannes Andreas (1635–1702), *Forum conscientiae seu jus poli, hoc est tractatus theologico-juridicus*, Utrecht 1693

Vermigli, Peter Martyr (1499–1562), *In primum, secundum et initium tertii libri Ethicorum Aristotelis ad Nicomachum*, Zürich 1563

Vermigli, Peter Martyr, *Loci communes*, Basel 1580–1582

Voet(ius), Gijsbert (1589–1676), *Disputationes selectae*, Utrecht 1648–1669

Zanchi, Girolamo (1516–1590), *Tractationum theologicarum volumen de statu peccati et legali*, Neustadt an der Weinstraße 1597

Zepper, Wilhelm (1550–1607), *Legum mosaicarum forensium explanatio*, Herborn 1604

4.3.4 Englisch-Puritanisch

Ames, William (1576–1633), *De conscientia et ejus iure vel casibus libri quinque*, Amsterdam 1630

Baxter, Richard (1615–1691), *A Christian directory, or, a summ of practical theology and cases of conscience*, London 1673

Greenham, Richard (ca. 1535–1594), *Paramython: two treatises of the comforting of an afflicted conscience*, London 1598

Owen, John (1616–1683), *Of the mortification of sinne with a resolution of cases of conscience*, Oxford 1656

Perkins, William (1558–1602), *The Whole Treatise of the Cases of Conscience*, Cambridge 1606

5 Editionen und Übersetzungen

5.1 Eine kritische Lücke

Die wissenschaftliche Erforschung der primären Quellen hängt eng mit dem Vorhandensein von kritischen Editionen und modernen Übersetzungen zusammen. Außerdem entscheidet das Angebot von Übersetzungen praktisch allein über die Frage, ob bestimmte Autoren noch gelesen werden oder nicht. Dabei gilt gemeinhin, dass die Existenz von Übersetzungen nicht immer ein Indikator für die wissenschaftliche Relevanz bestimmter Quellen ist. Umso mehr muss die vergleichsweise geringe Produktion von Editionen und Übersetzungen rechtsgelehrter und moraltheologischer Traktatliteratur aus der Frühen Neuzeit bedauert werden. Die Wahrnehmung der frühneuzeitlichen Scholastik wurde in der Sekundärliteratur wesentlich durch Übersetzungen determiniert, wenn nicht sogar verstellt. Von daher ließe sich dringend eine engere Zusammenarbeit mit Sprachwissenschaftlern empfehlen, die bei der Edierung und Übersetzung der Quellen helfen könnten.

Wahrnehmung durch Übersetzungen determiniert

Erst durch eine kritische Edition kann der textuelle Gegenstand der Forschung fixiert werden. Gerade in Bezug auf die hier erwähnten Quellen sind bedeutsame Unterschiede zwischen den zeitgenössischen Ausgaben eines einzigen Werkes festzustellen.

Unterschiede zwischen den zeitgenössischen Ausgaben
Beispiele

Drei Beispiele können dies belegen: Wer aufgrund der ersten Edition von Domingo de Sotos *De justitia et jure* (1553–1554) die Auffassungen des Autors zum Eid untersucht, wird zu anderen Schlussfolgerungen kommen, als derjenige, der seine Thesen aufgrund der zweiten Edition (1556–1557) aufstellt, da in der ersten Edition eine Behandlung des Themas fehlt. Ähnlich geht es demjenigen, der die Meinung von Leonardus Lessius zum Kartellrecht untersuchen möchte. Wer mit der ersten Edition von Lessius' *De justitia et jure* aus dem Jahr 1605 arbeitet, wird das erst in späteren Editionen eingefügte Kapitel über Monopolbildung nicht zur Kenntnis nehmen können. Andererseits lässt sich gelegentlich ein Blick in die erste Edition eines Traktats empfehlen. Aus der fünften Edition (1763) der wirkungsmächtigen *Theologia moralis* des Alfonso Maria de' Liguori etwa geht nicht mehr klar hervor, dass diese Arbeit aus einem Kommentar zur *Medulla* des Jesuiten Hermann Busembaum entstanden ist.

5.2 Die großen Namen

Tatsächlich sind die wenigsten der oben erwähnten Texte bereits
vollständig ediert, geschweige denn übersetzt worden. Fast ausschließlich die bekanntesten Werke der berühmtesten Theologen
der Schule von Salamanca wurden vereinzelt mit Editionen bzw.
Übersetzungen versorgt. Die wichtigsten Reihen sind:

Wichtige Reihen

- *Biblioteca de teólogos españoles*, Salamanca 1932- (u. a. Vitoria,
  s. Beltrán de Heredia Ed./Übers. 1932)
- *Biblioteca de Autores Cristianos maior*, Madrid 1944- (u. a. Cano,
  s. Belda Plans Ed. 2006)
- *Cambridge Texts in the History of Political Thought*, Cambridge
  1991- (u. a. Vitoria, s. Pagden/Lawrance Ed./Übers. 1991)
- *Colección de pensamiento medieval y renacentista*, Universität
  Navarra Pamplona 1998- (u. a. Vitoria, s. Zorroza Ed./Übers.
  2006)
- *Instituto de estudios políticos, Sección de teólogos-juristas*, Ma-
  drid, 1967- (u. a. Soto, s. Diego Carro Ed./Übers. 1967)
- *Journal of Markets and Morality, Scholia*-Sektion, Acton Institute,
  Grand Rapids Ma., 1998- (u. a. Molina)
- *Politische Philosophie und Rechtstheorie des Mittelalters und der
  Neuzeit (PPR), Texte und Untersuchungen*, Frommann-Holzboog,
  Stuttgart, 2010- (u. a. Vitoria, s. Stüben Ed./Übers. 2013)
- *Sources in Early Modern Economics, Ethics and Law*, Christian's
  Library Press, Grand Rapids Ma., 2011- (u. a. Mariana)

Auch außerhalb dieser Reihen wurden sporadisch Editionen und
Übersetzungen von Textfragmenten hergestellt. Beispiele sind: Les-
sius' Kapitel über Darlehen und Wucher (Van Houdt 1998); Molinas
Ausführungen über den gerechten Preis (Gómez Camacho 1981); oder
Marianas Traktat über die Münzentwertung (Falzberger Ed./Übers.
Anthologien 1996). Manchmal finden sich Anthologien mit edierten bzw. über-
setzten Texten zu bestimmten Themen, etwa der scholastischen
Kriegsethik (Justenhoven/Stüben Ed./Übs. 2006).

Suárez' Ein Sonderfall ist Francisco Suárez. Die moderne Standardaus-
Gesamtwerk gabe von Suárez' Gesamtwerk wurde Ende des 19. Jahrhunderts
von Charles Berton beim Vivès-Verlag in Paris herausgegeben. Dementsprechend ist sie als die „Vivès-Edition" (1856–1878, 28 Bde.) bekannt. Hinweise auf diese und andere Editionen und Übersetzungen

lassen sich einfach auf der ausgezeichneten Webseite von Dr. Sydney Penner finden: www.sydneypenner.ca/suarez.shtml

5.3 Digitale Sammlungen

Wer die Schriften der oben aufgelisteten Autoren untersuchen will, muss sich angesichts dieses spärlichen Befunds mit den frühneuzeitlichen Quellen selbst auseinandersetzen. Um einen kritischen und vollständigen Einblick in die Werke zu bekommen, empfiehlt es sich, wenigstens drei Editionen des einschlägigen Traktats zu lesen, und zwar die Erstauflage, die zweite, überarbeitete Version und die letzte Edition, die zu Lebzeiten des Autors erschienen ist. Diese Arbeitsweise führt relativ schnell zu ersten Erkenntnissen über die wichtigsten Entwicklungen im Sinne von Änderungen, Ergänzungen, und Weglassungen, die der Text mit Zustimmung des Autors erfahren hat. Posthum veröffentlichte Auflagen erweisen sich oft als weniger zuverlässig, etwa weil Ordensmitglieder bestimmte vom Verstorbenen vertretene Meinungen für unorthodox hielten. Andererseits verfügt man in einigen Fällen, vor allem bei den protestantischen Autoren, ohnehin nur über Editionen, die nach dem Tod des Autors gedruckt wurden.

Drei Editionen

Fündig wird man relativ schnell über die Vielzahl digitaler Altdrucksammlungen, die sich seit der Jahrhundertwende nicht nur in Deutschland, sondern auch in Ländern wie Frankreich, Italien, Portugal, Spanien und den Vereinigten Staaten etabliert haben. Deshalb wird im Nachfolgenden nur eine Auswahl von digitalen Bibliotheken präsentiert. Für weitere Tipps verweisen wir auf die Webseite der „Post-reformation Digital Library" des Calvin Theological Seminary: www.prdl.org/digital_libraries.php

Digitale Altdrucksammlungen

- *Bayerische Staatsbibliothek, Münchener Digitalisierungszentrum*: www.bsb-muenchen.de/index.php
- *Biblioteca Nacional de España, Biblioteca digital hispánica*: www.bne.es/en/catalogos/bibliotecadigitalhispanica/inicio
- *Biblioteca nazionale centrale di Firenze, Biblioteca digitale*: www.bncf.firenze.sbn.it
- *Bizkaiko Foru Aldundia, Biblioteca digital (Baskenland)*: www.bizkaia.net/foruliburutegia/index_foruliburutegia.htm
- *Deutsche digitale Bibliothek*: www.deutsche-digitale-bibliothek.de

- *Gallica, Bibliothèque nationale de France*: www.gallica.bnf.fr
- *Göttinger Digitalisierungszentrum*: www.gdz.sub.uni-goettingen.de/gdz
- *HathiTrust Digital Library*: www.hathitrust.org
- *Sächsische Landes- und Universitätsbibliothek Dresden*: www.digital.slub-dresden.de/kollektionen

Datenbanken   Auch drei Datenbanken, die gezielt das katholische und protestanti-
sche Schrifttum der Frühen Neuzeit sammeln, bieten sich für jeden,
der sich mit den frühneuzeitlichen Texten über Recht und Moral
auseinandersetzen will, als äußerst hilfreiches Werkzeug an:
- *Digital Library of the Catholic Reformation*, Alexander Street
  Press: http://solomon.dlcr.alexanderstreet.com/
- *Digital Library of Classical Protestant Texts*, Alexander Street
  Press: http://solomon.tcpt.alexanderstreet.com/
- *Post-Reformation Digital Library*, Calvin Theological Seminary:
  http://www.prdl.org/

6 Praktische Hilfsmittel

6.1 Biographien, Wörterbücher, Lexika

a) Biographien

Allgemein bietet die von Prof. Dr. Jacob Schmutz initiierte, französischsprachige Webseite „Scholasticon" den besten Startpunkt für biographische Recherchen über frühneuzeitliche Scholastiker (1500–1800): http://scholasticon.ish-lyon.cnrs.fr/Database/Scholastiques_fr.php

Notizen zu mittelalterlichen scholastischen Autoren (500–1500) lassen sich der von Prof. Dr. Rolf Schönberger bereitgestellten Datenbank „Alcuin – Infothek der Scholastik" entnehmen: http://www-app.uni-regensburg.de/Fakultaeten/PKGG/Philosophie/Gesch_Phil/alcuin

Über Autoren, die einem religiösen Orden angehörten, kann man auch in Lexika und Monographien zu einzelnen Orden fündig werden. Ein Beispiel für die Jesuiten ist:

Charles E. O'Neill und Joaquín M. Domínguez, *Diccionario histórico de la Compañía de Jesús biográfico-temático*, Rom 2001, 4 Bände

b) Römisches und kanonisches Recht: Lösung von Allegationen

Javier Ochoa und Luis Diez, *Indices canonum, titulorum et capitulorum Corpus Iuris Canonici*, Rom 1964

Javier Ochoa und Luis Diez, *Indices titulorum et legum Corporis Iuris Civilis*, Rom 1965

c) Spätmittelalterliches Recht

Hermann Lange und Maximiliane Kriechbaum, *Römisches Recht im Mittelalter*, München 1997–2007, 2 Bände

Eltjo Schrage und Harry Dondorp, *Utrumque Ius. Eine Einführung in das Studium der Quellen des mittelalterlichen gelehrten Rechts*, Berlin 1992

d) Spätmittelalterliche Theologie

Fernandez García, *Lexicon scholasticum philosophico-theologicum*, Hildesheim 1974

Walter Kardinal Kasper u. a., *Lexikon für Theologie und Kirche*, Freiburg³ 1993–2001

Ludwig Schütz, *Thomas-Lexikon*, Stuttgart 1958 (Nachdruck der Ausgabe Paderborn² 1895)

Alfred Vacant, Eugène Mangenot, Emile Amann, *Dictionnaire de théologie catholique*, Paris 1903–1950

e) Wörterbücher

Johann G. T. Graesse, *Orbis Latinus. Lexicon lateinischer geographischer Namen des Mittelalters und der Neuzeit*, Berlin 1909
http://www.columbia.edu/acis/ets/Graesse/contents.html

Charlton T. Lewis und Charles Short, A Latin Dictionary, Oxford 1969
http://www.perseus.tufts.edu/

6.2 Lösung von Abkürzungen

Abbreviaturen

Die oben erwähnte Innenabgrenzung des Diskurses wirkt wie ein Hindernis für denjenigen, der sich zum ersten Mal mit den Quellen auseinandersetzt, zumal die Verweise auf autoritative Texte in der Regel abgekürzt sind. Deshalb werden im Folgenden häufig verwendete Abbreviaturen durch Beispiele aufgelöst.

a) Allgemein

a. oder art. = articulus = Artikel
C. = Codex = Codex Justinians
C. = Causa = Fall (im zweiten Teil des Decretum Gratiani)
c. = canon = Kanon
cap. = Kapitel oder Kanon
concl. = conclusio = Schlussfolgerung
d. = dictus = erwähnt
D. = divus = göttlich
disp. = disputatio = Disputation
Dist. = distinctio = Distinktion (im ersten Teil des Decretum Gratiani)
dub. = dubium = Zweifel/Fragestellung

dubitatio = Zweifel/Fragestellung
ead. = eadem quaestione/distinctione usw. = in derselben Frage usw.
eod. = eodem in titulo = in demselben Titel
f. = folio = Seite
ff. = Pandectae = Digesten Justinians
h. = hîc = hier (z. B. unter dem bereits besprochenen Titel)
Inst. = Institutionen Justinians
l. oder L. = lex = Gesetz
loc. cit. = loco citato = an der bereits angeführten Stelle
n. oder num. = Nummer
pr. = principium = Beginn
& seqq. = et sequentes = und Folgende
Sext. (6/VI) = Liber Sextus (Papst Bonifaz VIII.)
t. oder tom. = tomus = Band
tit. = titulus = Titel
v. = verbo = unter dem Stichwort
X = Liber Extra (Papst Gregors IX.)

b) Römisches und kanonisches Recht

d. l. 2, ff. Si certum petetur = im bereits erwähnten zweiten Gesetz
des Digestentitels „Si certum petetur" (= D. 12,1,2)

Inst., tit. Quibus modis re contrahitur obligatio = im Titel „Quibus
modis re contrahitur obligatio" der Institutionen Justinians (= Inst.
3,14)

l. 1 et 3, C. de pactis pignorum = im ersten und dritten Gesetz des
Codextitels „De pactis pignorum" (= C. 8,35,1 und 3)

cap. Quia in omnibus 3, de usuris = im dritten Kanon, genannt „Quia
in omnibus", des Titels „De usuris" im Liber Extra (= X 5,19,3)

ca. 11 eiiciens dist. 88 = im elften Kanon, genannt „Eiiciens", der 88.
Distinktion im ersten Teil des Decretum Gratiani (= D. 88 c. 11)

Causa 14, qu. 3, cap. 1 = im ersten Kanon der dritten Fragestellung
im vierzehnten Fall des zweiten Teils des Decretum Gratiani (= C. 14
q. 3 c. 1)

c) Spätmittelalterliche Jurisprudenz (*ius commune*)
Abbas in cap. Quod quibusdam, de fideiussoribus = Abt Panormita-
nus in seinem Kommentar zu den Dekretalen, ad X 3,22,4

ex Innoc. in cap. Quia plerique, de immunitate Ecclesiarum = nach
Innocentius IV. in seinem Kommentar zu den Dekretalen, ad X 3,49,83

l. improbum 20, C. ex quibus causis, ut docet Bart. = wie Bartolus
lehrt in seinem Kommentar zum 1. Teil des Codex, ad C. 2,11,20

Felinus d. cap. fin. num. 3 in fin. de praescriptionibus = Felinus
Sandaeus in seinem Kommentar zum letzten Kanon des Titels „De
praescriptionibus" in den Decretalen, ad X 2, 26, 20, Nummer 3

d) Spätmittelalterliche Theologie
d. Anton. part. 2 tit. 1 cap. 7 = der göttliche Antoninus von Florenz,
Summa theologica, Teil 2, Titel 1, Kapitel 7

Gabriel dist. 15, qu. 11 dub. Paenultimo = Gabriel Biel, *In quatuor libros Sententiarum* (= Kommentar zu den Sentenzen Peter Lombards),
Buch 4, Teil 2, Distinktion 15, Fragestellung 11, in der vorletzten Dubitatio

Scot. dist. 15 q. 2 art. 2 = Johannes Duns Scotus, *Lecturae in libros
Sententiarum*, Distinktion 15, Fragestellung 2, Artikel 2

d. Thomas 2.2. q. 77 = der göttliche Thomas von Aquin, *Summa Theologiae, Secunda [parte] secundae [partis]* (= im zweiten Teil des Zweiten Hauptteils), Fragestellung 77

e) Frühneuzeitliche Juristen/Kanonisten/Theologen
Brunnem. ad l. 4, hîc, n. 1 = Johann Brunnemann, *Commentarius
in quinquaginta libros Pandectarum*, ad D. 17,2,4 (kann gelöst werden, indem der textuelle Kontext beachtet wird, in diesem Fall eine
Diskussion über den Gesellschaftsvertrag)

Conradi quaest. 37, concl. 2 = Conrad Summenhart, *Opus septipertitum de contractibus*, Traktat 2, Fragestellung 38, Schlussfolgerung 2

Covar. lib. 2 Var. cap. 3 in pr. = Covarrubias a Leyva, *In tres variarum ex iure pontifico, regio et caesareo resolutionum libros*, Buch 2, Kapitel 3, zu Beginn

Gom. t. 2 cap. 14 nu. 2 = Antonius Gomesius, *Commentaria variaeque resolutiones juris civilis, communis et regii*, Band 2, Kapitel 14, Nummer 2

Med. Cod. de rest., qu. 31, § similiter = Juan de Medina, *De poenitentia, restitutione et contractibus*, Band 2 (*De restitutione*), Kapitel „De rebus restituendis", Fragestellung 31, Paragraph „Similiter"

Nav. cap. 23, n. 78 = Dr. Navarrus (Martin de Azpilcueta), *Manuale Con-fessariorum et poenitentium*, Kapitel 23, Nummer 78

Tiraquel. de restractu in praefat. = Andreas Tiraquellus (André Tiraqueau), *Du retrait lignager*, im Vorwort

6.3 Zitierte Texte: Editionen und Digitalisaten

Hier werden nur Hilfsmittel zu einigen wesentlichen juristischen und theologischen Texten aus Altertum und Mittelalter erwähnt. Für Digitalisate frühneuzeitlicher Autoren wird auf 5.3 verwiesen:

a) Römisches und kanonisches Recht

Corpus juris civilis, hg. Denis Godefroid, Lyon 1588 (= editio Gothofredi):
  http://www.law.harvard.edu/digital/CJCiv/CJCivMetadata.html
Corpus juris civilis, hg. von Paul Krüger und Theodor Mommsen, Berlin 1872–1895: https://openlibrary.org/books/OL6695846M/Corpus_iuris_civilis
Corpus juris canonici Gregorii XIII iussu editum, Rom 1582 (= editio Gregoriana): http://digital.library.ucla.edu/canonlaw/
Corpus juris canonici, hg. Emile Friedberg, Leipzig 1879–1881 (Nachdruck Graz 1959): http://www.columbia.edu/cu/lweb/digital/collections/cul/texts/ldpd_6029936_001/

b) Spätmittelalterliche Jurisprudenz (*ius commune*)

Eine Vielzahl juristischer Traktate aus dem Zeitalter des *ius commune* wurde von Rechtshistorikern der Universität Mailand online zur Verfügung gestellt:

www.historia.unimi.it/scripts/diglib/digliblista.php

c) Spätmittelalterliche Theologie

Aquin, Thomas von, *Summa Theologiae*, in: *Opera omnia iussu impensaque Leonis XIII edita*, Bände 4–12, Rom 1888–1906 (= editio Leonina); www.corpusthomisticum.org

Duns Scotus, Johannes, *Lecturae in libros Sententiarum*, in: *Opera omnia studio et cura Commissionis Scotisticae edita*, Bände 16–21, Vatikanstadt 1960–2004 (= editio Vaticana)

Lombard, Peter, *Sententiae in IV libros distinctae*, hg. von Ignatius Brady, 2 Bände, Grottaferrata 1971–1981

Rimini, Gregor von, *Lectura super primum et secundum Sententiarum*, hg. von Damasus Trapp u. a., Berlin/New York 1979–1948, 6 Bde.

7 Fallstricke bei der Textauslegung

7.1 Dialog statt Monolog

Nachdem Abbreviaturen und Textverweise aufgelöst wurden, bleibt für den modernen Leser ein wichtiges Hindernis zum korrekten Verständnis der scholastischen Quellen bestehen, wenn er sich nicht das Schema des scholastischen Denkvorganges bewusst macht. Wie bereits ausgeführt (1.7), werden scholastische Texte grundsätzlich durch einen dialektischen Aufbau des Argumentationsvorgangs gekennzeichnet. Ein scholastischer Text lässt sich darum nicht wie ein Monolog, Essay oder Plädoyer lesen. Dementsprechend wird man bei der Lektüre einer *quaestio* oder *dubitatio* nicht nur mit der Meinung des Autors konfrontiert, sondern auch mit denjenigen anderer Autoren. Ein scholastischer Text spiegelt im Grunde einen Dialog zwischen Gelehrten über die Grenzen von Raum und Zeit wider. Im Verlauf dieses Dialogs gehen die Meinungen ständig auseinander. Daraus ergibt sich die dringende Notwendigkeit, genau zu hinterfragen, ob eine bestimmte Behauptung der Auffassung des Autors bzw. der *opinio* seines Gegners entspricht. Ein bestimmter Satz kann erst dann aussagekräftig sein, wenn er vor dem Hintergrund des vollständigen Argumentationsvorgangs ausgelegt wird. Auf jeden Fall können nicht alle in einer *quaestio* entwickelten Meinungen dem Autor selbst zugerechnet werden.

Dialektischer Aufbau

7.2 Gegenmeinungen, Einwände, Bemerkungen

Es gehört zum Basisschema des scholastischen Denkvorgangs, dass die Gegenmeinung in der Regel zu Beginn der Fragestellung vorgeschlagen wird (s. Beispiel aus Thomas unter 1.7). Sodann folgt die andere Meinung, der letztendlich vom Autor gefolgt wird. Zum Schluss widerlegt der Autor die Argumente der Gegenseite. Dieses Schema wird dadurch kompliziert, dass in der Ausführung der Argumente für die eigene Meinung oft die Kritik des Gegners vorweggenommen wird. In den Quellen wird diese Art antizipierter Einwände durch lateinische Worte wie *„dices"* oder *„obicies"* („Du wirst sagen bzw. einwenden, dass ... ") eingeleitet. Sie werden meist direkt in einem durch *„Sed respondeo"* eingeleiteten Satz („Ich antworte

Basisschema

aber, dass ... ") widerlegt. Dieses ständige Hin- und Herschwingen der Denkbewegung setzt eine sorgfältige Lektüre voraus, damit dem Ausleger keine Fehlinterpretation unterläuft.

Andere Besonderheiten ergeben sich daraus, dass die frühneuzeitlichen Scholastiker häufig der endgültigen Antwort eine Reihe von Bemerkungen vorwegschicken (*„notandum, quod* ... ", d. h. „Es ist zu bemerken, dass ... "). Diese Bemerkungen sind oft definitorischer Art, können aber auch herkömmliche Meinungen darstellen, die letztendlich vom Autor verworfen oder zumindest nicht für die beste Lösung gehalten werden. Im Vergleich zu den *quaestiones*, wie man sie bei Thomas oder Duns Scotus findet, sind die Disputationen frühneuzeitlicher Scholastiker länger und tiefer durchstrukturiert. Die Freiheit, mit der die frühneuzeitlichen Autoren den Inhalt spätmittelalterlichen Denkens für die Lösung neuer Fälle benutzen, drückt sich auch in der lockeren Verwendung des herkömmlichen Denkschemas aus, so dass sich ein idealtypischer frühneuzeitlicher scholastischer Denkvorgang schwer abbilden lässt.

Freiheit

7.3 Anzeichen für innovatives Denken

Bekanntlich wird Autorität in der scholastischen Tradition eine besondere Bedeutung zugemessen, gerade dadurch, dass es zur Eigenart ihres Denkvorgangs gehört, Respekt vor der Meinung der Gesprächspartner zu bezeugen. Wie bereits angedeutet (4.1) bilden die scholastischen Quellen das Kernstück einer Diskursgemeinschaft, die durch einen Dialog mit Gelehrten aus Gegenwart und Vergangenheit schrittweise die menschliche Erkenntnis zu erweitern versucht. Von daher stellt sich die Frage, auf welche Weise diese Autoren überhaupt eine der Tradition entgegengesetzte Meinung vertreten konnten. Auch wenn sich die frühneuzeitlichen Scholastiker ausnahmsweise zu radikaler Ablehnung veralteter Denkstrukturen bekannten, etwa aufgrund gegenläufiger empirischer Beobachtung (*experientia*), waren sie fast immer darauf bedacht, innovative Ansichten mit Takt einzuführen. In dieser Hinsicht spielten fiktive Einwände, welche die Formulierung innovativer Argumente erlaubten, ohne letztendlich die damit einhergehende Folgerung befürworten zu müssen, eine wichtige Rolle. Eine andere Methode war es, die Argumentation für die Gegenmeinung am Anfang der *quaestio* so detailliert zu entwickeln, dass die Widerlegung am Ende kaum glaubwürdig wirkte –

trotzdem konnte der Autor nicht der Neuerungssucht beschuldigt werden, da er offiziell die herkömmliche Meinung befürwortete (ein Beispiel aus dem Bereich des Schuldenmarkts wird erörtert in Decock 2008). Eine andere, häufig verwendete Technik bestand darin, dass man unter Berufung auf „einige Leute" (*aliqui*) eine neue Sichtweise formulierte, die man zum Schluss zwar ablehnte, aber immerhin als „wahrscheinlich" (*probabilis*) bezeichnete (etwa in der Diskussion über Spekulationsgeschäfte, s. Decock 2009). Hier zeigt sich das gewaltige Potential des Probabilismus, als Instrument nicht nur zur Bewältigung von Meinungsvielfalt, sondern auch zur Weiterbildung des scholastischen Erkenntnissystems (dazu oben 3.6.).

„Einige Leute" (*aliqui*)

——

Teil 3: **Probleme und Perspektiven der Forschung**

8 Einführung

Die Erforschung der moraltheologisch-juristischen Literatur der Frühen Neuzeit erlebt gerade eine Hochkonjunktur, selbst wenn ihre Wurzeln bis in die erste Hälfte des vergangenen Jahrhunderts zurückreichen. Dabei haben sich von Anfang an Wissenschaftler aus recht unterschiedlichen Fachdisziplinen für die frühneuzeitlichen scholastischen Quellen interessiert. Nicht nur Philosophen und Theologen, sondern auch Rechts- und Wirtschaftswissenschaftler haben sich in den letzten Jahrzehnten intensiv vor allem mit Dominikaner- und Jesuitentheologen aus dem iberischen Raum wie Francisco de Vitoria und Francisco Suárez auseinandergesetzt. Im Nachfolgenden wird ein kritischer Überblick dieser reichen Vielfalt an Forschungsperspektiven dargeboten. Dabei wird auf eine umfassende Darstellung der Literatur zur „Schule von Salamanca" und zur iberoamerikanischen Ausstrahlung dieses erfolgreichen Sonderzweigs der frühneuzeitlichen Scholastik verzichtet (dazu Birr/Decock 2017).

Philosophen und Theologen / Rechts- und Wirtschaftswissenschaftler

9 Wirtschaftliche Perspektive

9.1 Von Salamanca bis Smith

Die Erforschung vor allem des spanischen Zweigs der frühneuzeitlichen Scholastik hat seit Mitte des 20. Jahrhunderts nicht zuletzt aus wirtschaftshistorischer Perspektive starke Impulse erhalten (Decock 2016). Mit einer Studie aus dem Jahr 1952 zur Geldlehre der Theologen aus Salamanca hat Marjorie Grice-Hutchinson die Vorstellung der „Schule von Salamanca" als Wegbereiterin einer modernen, auf Marktlogik basierenden Wirtschaftsanalyse tiefgehend geprägt (Gómez Camacho/Robledo Hg. 1998). Grice-Hutchinson, eine Schülerin des neoliberalen Ökonomen Friedrich August von Hayek, wurde zum Referenzpunkt in einigen klassisch gewordenen Geschichten des ökonomischen Denkens (Schumpeter 1954; Rothbard 1995). Dieser, von der Österreichischen Schule der Nationalökonomie beeinflussten, Historiografie zufolge werden besonders die Jesuiten Luis de Molina, Leonardus Lessius und Juan de Lugo als „Väter der modernen Wirtschaftsanalyse" und „Verteidiger des freien Marktes" gerühmt. Dem Kanonisten Martín de Azpilcueta wird die Entdeckung der Quantitätstheorie des Geldes zugeschrieben (Schefold Hg. 1998). Oft wird eine genealogische Verbindungslinie zwischen der „Schule von Salamanca" und dem aufklärerischen Moralphilosophen und Ökonomen Adam Smith hergestellt (Chafuen 2003).

Österreichische Schule der Nationalökonomie

9.2 Geld, Zins und Marktpreis

Neben der Geldtheorie stehen zwei Themen im Vordergrund der herkömmlichen wirtschaftshistorischen Untersuchungen zur frühneuzeitlichen Scholastik: Wucher und gerechter Preis (De Roover 1971). Dabei bemühen sich die meisten Autoren in der Tradition der Österreichischen Schule aufzuzeigen, dass der gerechte Preis nach Vorstellung der spanischen Theologen mit dem durch freiem Wettbewerb automatisch entstandenen Marktpreis übereinstimme. Die spätscholastische Kritik an Kartellen und Monopolen gilt dabei als beispielhaft (Höffner 1941). Andere Autoren sind nuancierter und betonen den menschengemachten Charakter der scholastischen Preislehre (Gómez Camacho 1981).

Kartelle und Monopole

Darüber hinaus wird betont, das Wucherverbot hätte in den scholastischen Quellen seit spätestens dem 15. Jahrhundert seine praktische Relevanz verloren (De Roover 1967). Tatsächlich sind das allmähliche Verschwinden des Zinsverbots und die Verteidigung von Umgehungsgeschäften in der scholastischen Tradition mehrfach von rechtshistorischer Seite nachgewiesen worden (Noonan 1957; Becker 2014). Trotzdem lehnen Historiker zu Recht die Vorstellung ab, die frühneuzeitlichen katholischen Theologen hätten das Prinzip des Zinsverbots aufgegeben (Van Houdt 1995). Ob allerdings von einem einheitlichen, auf einer Art Bruderschaftsethik basierenden scholastischen Paradigma des ökonomischen Denkens die Rede sein kann, muss dahingestellt bleiben.

Umgehungs-
geschäfte

Auf jeden Fall sind die wirtschaftsethischen Vorstellungen der katholischen Spätscholastiker mitunter überraschend liberal (Weber 1959; Del Vigo Gutiérrez 1997; Langholm 1998; Schüßler 2014a). Einen rechtlich einklagbaren Mindestlohn haben sie meistens nicht anerkannt (Noell 2001). Umso wichtiger war den Scholastikern die moralische Pflicht der Nächstenliebe, gerade vor dem Hintergrund eines fehlenden Wohlfahrtsstaates (Deuringer 1959).

9.3 Forschungsdesiderate

Die Forschungsliteratur über das ökonomische Denken und Wirken der frühneuzeitlichen Scholastiker wird nicht nur durch wirtschafts-ideologische Sonderinteressen gekennzeichnet. Eine fast genauso wichtige Rolle spielen Glaubensfragen. Christlich geprägte Wissenschaftler bewerten das wirtschaftliche Erbe der Scholastiker in der Regel positiv (Chafuen 2003; Grabill Hg. 2007). Das wirtschaftsethische Denken der Spätscholastiker wird sogar als Musterbeispiel eines von moralischen Regeln geleiteten Wirtschaftssystems angeführt (z. B. Alves/Moreira 2010). Dagegen äußern sich positivistisch orientierte Historiker des ökonomischen Denkens in ihren historischen Übersichtswerken manchmal negativ oder ignorieren Autoren wie Summenhart und Azpilcueta. Außerdem sind oft rein praktische Faktoren dafür verantwortlich, dass die Rezeption des frühneuzeitlichen scholastischen Wirtschaftsdenkens in der Mehrzahl der jüngeren Handbücher oder „Reader" zur Geschichte des Ökonomischen Denkens gering ausfällt: Der Bedarf an Übersetzungen aus dem Lateinischen ist groß.

Übersetzungen
aus dem Lateini-
schen

Eine neue Gesamtwertung des ökonomischen Denkens der frühneuzeitlichen Scholastik über die konfessionellen Grenzen hinweg
ist überfällig. Die Kontroverse über die protestantischen bzw. katholischen Wurzeln des Kapitalismus kann dies hinreichend illustrieren
(Robertson 1933). Generell erweisen sich vergleichende Studien nach
den wirtschaftsethischen Ansichten von sowohl katholischen als
auch protestantischen Theologen als ergiebig (Del Vigo Gutiérrez
2006).

Geografische Erweiterungen

Auch geografische Erweiterungen des Blickfelds wären sinnvoll.
Aus lateinamerikanischer Sicht galt die Aufmerksamkeit bislang
hauptsächlich dem Beitrag Tomás de Mercados zur Entwicklung des
ökonomischen Denkens (Popescu 1997). Generell liegen zwar Studien zum ökonomischen Denken einzelner Theologen wie Gabriel
Biel (Kötz 2012), Francisco de Vitoria, Domingo de Soto (Barrientos
García 1985), Martín de Azpilcueta (Muñoz de Juana 1998; Schefold
Hg. 1998), Luis de Molina (Gómez Camacho 1981), Juan de Mariana
(Falzberger Ed./Übers. 1996), und Leonardus Lessius (Schefold Hg.
1999) vor, aber viele bedeutsame Autoren bleiben aus wirtschaftli-
cher Perspektive weitgehend unerforscht. Thematisches Neuland
erkunden Forschungen über die Evolution im scholastischen Ver-
ständnis des Risikobegriffs (Ceccarelli 2003; Bukała 2014). Auch die
Analyse der spätscholastischen Geldlehre vor dem Hintergrund ihres
kulturellen und literarischen Umfelds eröffnet neue Perspektiven
(Vilches 2010).

10 Juristische Perspektive

10.1 Internationales Recht

10.1.1 Ursprünge des Völkerrechts

Ihren Ruf als die Wiege des modernen Völkerrechts verdankt die „Schule von Salamanca" in nicht geringem Umfang dem amerikanischen Juristen James Brown Scott, der 1934 sowohl eine wirkmächtige Doppelstudie zu Francisco de Vitoria und Francisco Suárez (Scott 1934a) als auch eine Monografie zu den spanischen Wurzeln des modernen Völkerrechts veröffentlichte (Scott 1934b). Weil vorher schon der holländische Theologe und Jurist Hugo Grotius zum Vater des modernen Natur- und Völkerrechts ausgerufen worden war (Stintzing/Landsberg 1898; Bourquin 1948), führte dies zu der fortwährenden Streitfrage, wer den entscheidenden Beitrag zur Entwicklung des modernen internationalen Rechts geleistet habe – die Spätscholastiker oder Grotius.

James Brown Scott

10.1.2 Grotius und die Scholastiker

Während die Kontinuität zwischen Vitoria, Suárez und Grotius auffällt (Haggenmacher 1983; Thomas 1999; Stump 2006; Recknagel 2010), muss auch die Eigenart der grotianischen Völkerrechtstheorie betont werden (Tuck 1999; Straumann 2007). Jedenfalls besteht kein Zweifel daran, dass Grotius sich wiederholt auf die Spätscholastiker berufen hat (Marín y Mendoza 1776, 99; Kaltenborn 1848; Feenstra 1992; Negro 2000; Dufour 2001; Dufour 2013). Zur Relativierung dieser Debatte dürfte ein gesteigertes Verständnis der Heterogenität der völkerrechtlichen Auffassungen der frühneuzeitlichen Scholastiker beitragen (Todescan 2013). Im Übrigen wird nicht zu Unrecht darauf hingewiesen, dass weder die Spätscholastiker noch Grotius die wahren Väter des modernen Völkerrechts seien (Kennedy 1986; Schröder 2000); wenn überhaupt ein Gelehrter aus dem 16. oder 17. Jahrhundert diesen Titel verdiene, dann eher Alberico Gentili, dessen Traktat zum Kriegsrecht sich deutlich von den scholastischen Vorgängern unterscheidet (Ferronato/Bianchin 2011; Panizza 2013).

Kontinuität

10.1.3 Kanonisierungsprozesse

Aus der Debatte um die Ursprünge des modernen Völkerrechts lässt sich leicht ersehen, dass die Literatur stark von Kanonisierungs- prozessen determiniert ist. Dabei hatte Scott einen entscheidenden Einfluss auf das internationale Forschungsfeld, zumal seine Dop- pelstudie über Vitoria und Suárez zunächst teilweise auf Spanisch veröffentlicht wurde (Scott 1928) und später auch auf Französisch erschien (Scott/Brière 1939). Zu Beginn des 21. Jahrhunderts wurde Scotts englische Doppelstudie über die katholischen Wurzeln des

Neuthomisti- sche Strömung

Völkerrechts neu gedruckt (Scott/Butler 2008). Dabei partizipierte Scott eigentlich nur an einer umfassenderen, teilweise neuthomisti- schen Strömung, die hauptsächlich mit Ernest Nys, Victor Cathrein, Joseph Kohler, Eduardo de Hinojosa y Naveros, Barcia Trelles und Alfred Verdross angefangen hatte (Nys 1882; Nys 1889; Nys/Scott Hg. 1917; Cathrein 1918; Kohler 1918; Barcia Trelles 1927; Hinojosa 1929; Barcia Trelles 1933; Verdross 1937; Barcia Trelles 1939). Diesen konservativen Juristen und insbesondere den wirkungsmächtigen Schriften Scotts zufolge sind vor allem die Namen von Vitoria und Suárez als Vorläufer von Grotius in die klassischen Darstellungen der Geschichte des Völkerrechts eingeflossen (exemplarisch Schmitt 1950 und Crawford/Koskenniemi Hg. 2012).

10.1.4 Vitoria und Suárez

Der Löwenanteil der Forschung war über Jahrzehnte hinweg Vito- ria gewidmet, dessen Vorlesungen über die Amerindianer und das Kriegsrecht besonders viel Aufmerksamkeit auf sich gezogen ha- ben (Truyol y Serra 1947 und 1988; Justenhoven 1991; Anghie 2007; Pagden 2011; Brieskorn/Stiening Hg. 2011; Brett 2012). Allerdings war auch das Interesse für die völkerrechtlichen Lehren von Suárez nicht gerade gering (Pereña 1954; Soder 1973; Kremer 2008; Bries-

Kriegsrecht

korn 2010). Vereinzelt gibt es Literatur über die Bedeutung weiterer Spätscholastiker für die Entwicklung des Völkerrechts, insbesondere des Kriegsrechts (Justenhoven/Stüben Ed./Übers. 2006). Nennens- wert sind die Ansätze zur Erforschung der völkerrechtlichen Lehren von Diego de Covarrubias y Leyva (Pereña 1957; Brieskorn 2002), Luis de Molina (Fraga Iribarne 1947) und Fernando Vázquez de Menchaca (Seelmann 1979).

10.1.5 Amerindianer und Menschenrechte

Wichtige Aspekte der völkerrechtlichen Auffassung der spanischen
Spätscholastiker sind zunehmend Gegenstand von Untersuchungen
aus dem breiten Feld der Ideen- und Philosophiegeschichte (Bun-
ge/Spindler/Wagner Hg. 2011). Dabei genießt die Begegnung der   Versklavung
spanischen Scholastiker mit der komplexen Realität der Versklavung
der Amerindianer besondere Aufmerksamkeit (Tosi 2002; Brieskorn
2006; Kaufmann/Schnepf Hg. 2007; Kaufmann 2014a). Außerdem
steht die Frage nach der Geburt der Menschenrechte in der „Schule
von Salamanca" im Mittelpunkt (Höffner 1947; Köck 1987; Doyle 2001;
Hafner/Loretan/Spenlé 2001). Eine Sonderstellung in dieser Debatte
nehmen die unzähligen Forschungen zum Dominikanermönch Bartolomé de las Casas und seiner berühmten Verteidigung der Freiheit
der indigenen Völker während des Disputs von Valladolid 1550–1551
ein (Bordat 2006; Gschwend/Good 2009; Delgado 2011; Clayton 2012;
Birr 2013a).

10.1.6 Kritische Bewertung

Neuerdings wird die Verknüpfung rechtskonservativer Propaganda
und historisch-genealogischer Forschung bei der Wiederentdeckung
der spanisch-katholischen Wurzeln des Völkerrechts in der ersten
Hälfte des 20. Jahrhunderts problematisiert (Rossi 2000; Rasilla del
Moral 2012). Neben der Hervorhebung Vitorias als des Begründers
des Völkerrechts wird sein Gedankengut nunmehr auch kritisch betrachtet, etwa bei der Reflexion über die Gestaltung einer internationalen Rechtsgemeinschaft (z. B. Wagner 2011). Darüber hinaus wird   Kosmopoli-
die spätscholastische Auseinandersetzung mit Fragen des internatio-   tismus
nalen Rechts für die gegenwärtige Debatte über Immigration, Kosmo-
politismus und staatliche Souveränität fruchtbar gemacht (Cavallar
2002; Amezúa Amezúa 2008; Lutz-Bachmann/Niederberger/Schink
Hg. 2010; Brett 2011). Schließlich wird die Bedeutung der Spätscholastik für die Herausbildung einer juristischen Architektur für den
globalen Kapitalismus hervorgehoben (Koskenniemi 2013).

10.2 Privat- und Handelsrecht

10.2.1 Zwischen Ius Commune und Naturrecht

Vermittlerrolle

Spätestens seit der Suche nach den gemeineuropäischen Wurzeln der nationalen Privatrechtsordnungen in der zweiten Hälfte des 20. Jahrhunderts lässt sich eine Wiederbelebung des Interesses an den privatrechtlichen Lehren der Spätscholastiker feststellen. Parallel zu ihrer zentralen Bedeutung für die Entwicklung des Völkerrechts wurde der „Schule von Salamanca" dabei eine Vermittlerrolle zwischen der spätmittelalterlichen Jurisprudenz des *ius commune* und der naturrechtlichen Privatrechtsdogmatik von Hugo Grotius, Samuel von Pufendorf, Robert-Joseph Pothier und anderen unterstellt (Krause 1949; Thieme 1953; Otte 1964; Wieacker 1967; Grossi Hg. 1973a; Bergfeld 1977; Renoux-Zagamé 1987). Neuerdings führt die Wahrnehmung einer wachsenden Entstaatlichung und Globalisierung der Produktion privat- und handelsrechtlicher Normen dazu, dass die von Theologen in der Frühen Neuzeit herausgebildete Normenarchitektur erneut in das Blickfeld sowohl von Rechtshistorikern wie auch Privatrechtlern gerät.

10.2.2 Restitutionslehre und Vertragsrecht

Vertrags-
gerechtigkeit

Einen Schwerpunkt in der Forschung zur Privatrechtsdogmatik der frühneuzeitlichen Theologen bildet die Restitutionslehre. Als Günther Nufer, ein Schüler von Hans Thieme, 1969 das Thema in seiner Dissertation behandelte, betrat er quasi Neuland. Mittlerweile haben mehrere Studien die umfassende Bedeutung der Restitutionslehre für die Herausbildung sowohl des Vertrags-, Haftungs- und Deliktrechts als auch der Bereicherungslehre dargelegt (Hallebeek 1996 und Jansen 2013 mit weiteren Literaturangaben). Mit der Restitutionslehre geht die Sorge um Leistungsäquivalenz und Vertragsgerechtigkeit einher, die die Spätscholastiker trotzdem nicht daran hinderte, eine allgemeine, auf Willensfreiheit basierte Vertragslehre zu entwickeln. Die Ausstrahlung der „Schule von Salamanca" auf die naturrechtlichen Vertragslehren der Folgezeit wurde bereits 1959 von Malte Diesselhorst in seiner von Wieacker betreuten Dissertation angedeutet. Die These über die Entstehung des modernen Vertragsbegriffs in der frühneuzeitlichen Scholastik wurde dann aber von mehreren Rechtshistorikern aufgegriffen und verfeinert (Decock 2013 mit weiteren Literaturangaben). Auch die spätscholastische Auseinandersetzung mit vertragsrechtlichen Sonderproblemen wurde in der Literatur berücksichtigt. Beispiele sind Studien über die Entwicklung der Voraussetzungslehre (Feenstra 1974; Repgen 2014a), des Erfüllungszwangs (Hallebeek 2010) oder der Theorie der vorvertraglichen Aufklärungspflichten (Decock/Hallebeek 2010).

10.2.3 Handel und Wirtschaft

Eng verbunden mit den vertragsrechtlichen Lehren der Theologen sind ihre Diskussionen über handelsrechtliche Themen, die in der Regel unter dem Dach der besonderen Verträge (z. B. *cambium* für Bank- und Wechselgeschäfte, *census* oder *emptio-venditio* für das Kredit- und Anleihewesen, *assecuratio* für Versicherungsdienstleistungen) behandelt wurden. Die Realitätsbezogenheit der theologischen Literatur über Handel und Wirtschaft steht außer Frage, waren die Scholastiker doch oft als Gutachter tätig (Trusen 1971; Isenmann 2008). Schon 1965 zeigte Burckhardt Löber unter der Leitung von Hans Thieme wichtige Ansatzpunkte zur Erforschung des Gesellschaftsrechts der Spätscholastiker auf, aber das Thema blieb lange Zeit relativ unerforscht (Brunori 2015). Auch die spätscholastische Auseinandersetzung mit dem Versicherungsvertrag wurde aus rechtshistorischer Perspektive nur ansatzweise analysiert (Bergfeld 1973; Zwierlein 2011, 244–261). Gegenstand intensiver Untersuchungen war dagegen die zentrale Figur des *contractus trinus* oder dreifachen Vertrags, eines mit dem Gesellschaftsvertrag verknüpften Umgehungsgeschäfts, das sichere und festverzinsliche Kapitalanlagen ermöglichte (Birocchi 1990 und Decock 2015b mit weiteren Literaturangaben). In dieser Hinsicht sei darauf hingewiesen, dass die vertrags- bzw. handelsrechtlichen Ausführungen der frühneuzeitlichen Theologen jüngst in Zusammenhang mit der Herausbildung eines auf Recht und Moral basierenden Regulierungsmusters für den aufkommenden Handel- und Finanzkapitalismus ausgelegt wurden (Prodi 2009; Forster 2011; Koskenniemi 2011). Eckpfeiler dieses durchaus liberalen Gefüges von Vertrags- und Handelsrecht war nach Ansicht einiger Autoren ein ähnlich liberaler Eigentumsbegriff (Grossi 1973b; Carpintero Benítez 2003). Die Kapitalismusfähigkeit der frühneuzeitlichen Beichtjurisprudenz wird

Realitätsbezogenheit

Kapitalismusfähigkeit

von anderen Rechtshistorikern allerdings in Frage gestellt (Clavero 1991).

10.2.4 Forschungsdesiderate

In vielen Bereichen des Privatrechts fehlen noch systematische Untersuchungen zum Beitrag der Scholastiker der Frühen Neuzeit. Es wurde kritisch eingewendet, dies hänge mit der begrenzten Tiefe und Breitenwirkung der privatrechtlichen Lehren der spanischen Theologen zusammen (Lalinde Abadia 1973). Immerhin haben sich die bisher veröffentlichten Analysen einzelner Aspekte des spätscholastischen Zivilrechts, etwa über das Urheberrecht (Folgado 1961), die Enteignung (Feenstra 1999), die päpstliche Verwaltung von Armengütern (Duve 2008), Testamente (Condorelli 2008), das Eherecht (Alfieri 2010; Donahue 2014) und die Verjährung (Dios de Dios 2006) als ergiebig erwiesen. Über den Einfluss der frühneuzeitlichen Theologen und Kanonisten auf den deutschen *Usus modernus pandectarum* besteht weiterhin Forschungsbedarf. Auf jeden Fall bezieht sich etwa Samuel Stryk recht häufig auf die Scholastiker. Es gilt also, die frühneuzeitliche Privatrechtsgeschichte in einen breiteren Kontext normativer Ordnungen, nicht selten religiöser Prägung, zu reintegrieren (Duve 2012). Dabei wird die teleologische Perspektive auf die Evolution der Privatrechtsdogmatik um das Wissen über die theologischen Hintergründe der spätscholastischen Rechtslehren ergänzt werden müssen.

Usus modernus pandectarum

10.3 Straf- und öffentliches Recht

10.3.1 Neuentdeckung

Auf den ersten Blick mag die Bedeutung der frühneuzeitlichen Beichtjurisprudenz für die Entwicklung des Strafrechts erstaunen. So stark die klassischen Darstellungen der Strafrechtsgeschichte die Bedeutung der spätmittelalterlichen Kanonistik für die Entstehung eines öffentlichen Strafrechts hervorheben, so leicht vernachlässigen sie die Weiterbildung dieser theologisch-kanonistischen Debatte im 16. und 17. Jahrhundert. In der historischen Einführung zum berühmten Lehrbuch des Strafrechts von Franz von Liszt aus dem späten 19. Jahrhundert fanden die Theologen aus Spanien noch gar keine Erwähnung. Allerdings erschien in derselben Zeit in Madrid eine grundlegende Studie von Eduardo de Hinojosa y Naveros über die außerordentlichen Leistungen der spanischen Theologen auf dem Gebiet des öffentlichen Rechts, insbesondere im Bereich des Strafrechts (Hinojosa 1890). Hinojosas Arbeit weckte zunächst in Spanien eine neue Begeisterung für die Strafrechtslehren der Kanonisten und Theologen aus dem „Goldenen Zeitalter", die seit Anfang des 21. Jahrhunderts die Strafrechtshistoriographie im deutschsprachigen Raum endgültig erreicht hat (Seelmann 2002).

Eduardo de Hinojosa

10.3.2 Schuldprinzip und öffentliches Strafen

Es drängt sich der Eindruck auf, dass die Theologen und Kanonisten einen maßgeblichen Beitrag zur Umgestaltung des Strafbegriffs geleistet haben, indem sie die herkömmliche Vorstellung einer möglichen Strafe für fremde Schuld zugunsten des Grundsatzes der Personalität der Strafe aufgegeben haben (Maihold 2005). Damit einher gingen eine tiefgehende Verfeinerung der Zurechnungslehre und der Aufstieg des Schuldprinzips zur tragenden Säule des neuzeitlichen Strafrechts (Bullón Fernández 1900; Rodriguez Molinero 1959; Cruz Cruz Hg. 2010; Schnyder 2010; Maihold 2014). Darüber hinaus haben die frühneuzeitlichen Scholastiker die Umwandlung der durch die römischrechtliche Tradition noch weitgehend als privat gedachten Delikte in öffentliche Delikte entscheidend vorangetrieben (Grunert 2002). Es erstaunt deshalb nicht, dass sie zur theologischen Legitimierung des öffentlichen Strafanspruchs im obrigkeitlichen Staat der Frühen Neuzeit einen wesentlichen Beitrag geleistet haben (Grunert 2001 und 2013).

Personalität der Strafe

10.3.3 Sünde und Verbrechen

Der Frage nach dem Verhältnis von Sünde und Verbrechen im strafrechtlichen Denken der Frühen Neuzeit kommt eine zentrale Bedeutung zu, auch wenn sie sich nicht leicht beantworten lässt (Prodi 2003; Pifferi 2006, 286–352; Schmoeckel 2008). Manchen Überschneidungen zum Trotz, beispielsweise im Falle von Häresie- und Majestätsverbrechen, befürworteten die Theologen teilweise eine

Theorie der reinen Strafgesetze

Theorie der reinen Strafgesetze, wonach rechtliche und moralische Verpflichtungen nicht immer gleichzusetzen seien (Daniel 1968; Condorelli 2012). Aus theologiegeschichtlicher Perspektive wurde argumentiert, dass die Trennung von ethischer und juristischer Verantwortlichkeit gerade durch die frühneuzeitlichen Scholastiker möglich gemacht worden sei (Müller 1932). Die Spannung zwischen Moral und Recht taucht in besonderer Weise in der Frage nach der Rolle des Richtergewissens im Strafprozess auf (Turrini 1996; Whitman 2008).

10.3.4 Alfonso de Castro

Bereits ein nur oberflächlicher Blick in die einschlägige Literatur offenbart, dass von Beginn an der Franziskaner und Salmantiner Theologieprofessor Alfonso de Castro (ca. 1495–1588) eine Sonderstellung in der rechtshistorischen Forschung einnahm (Maihold 2001). Politische Einflussnahme auf den akademischen Betrieb während der Franco-Zeit dürfte zu diesem Interesse beigetragen haben, wurde Castro doch als Protagonist einer wahrhaft spanisch-katholischen Strafrechtslehre dargestellt (Rosal/García Morales Hg. 1961). Castro, der in Flandern bei den spanischen Kaufleuten gegen die Protestanten predigte, beteiligte sich in Wort und Tat am Kampf gegen die Häresie und verfasste 1550 ein wirkmächtiges Traktat zur Gewalt des Strafgesetzes. Seine von Augustinus inspirierte Behandlung der Häresie lief auf eine Apologie der spanischen Inquisition hinaus (Müller 2014). Dennoch wird Castro aufgrund seiner Abhandlung, in dem er die enge Verbindung zwischen individueller Schuld und Strafe unterstrich, als einer der Begründer des modernen Strafverständnisses gewürdigt.

Kampf gegen die Häresie

10.3.5 Liberale Staatsrechtsphilosophie

Das Interesse an den Strafrechtslehren der frühneuzeitlichen Theologen wurde von Anfang an durch eine Neuentdeckung ihrer Staatsrechtsphilosophie begleitet. In dieser Hinsicht hatte die bereits erwähnte Arbeit von Hinojosa aus dem Jahr 1890 über die Bedeutung der spanischen Theologen für die Entwicklung des Strafrechts und des Öffentlichen Rechts Schlüsselcharakter. Hinojosa war Teil

jener regenerationistischen Bewegung, die vor dem Hintergrund
des definitiven Zusammenbruchs des spanischen Kolonialreiches
im ausgehenden 19. Jahrhundert durch eine Neubesinnung auf die
Theologen des Goldenen Zeitalters die politische Blütezeit Spaniens
wiederzubeleben versuchte (Pérez Luño 1994, 62). Dabei wurden die
demokratischen und anti-machiavellistischen Züge der frühneuzeitlichen spanischen politischen Lehren als erfolgserklärende Faktoren
hervorgehoben (Giráldez y Riarola 1898). Diese liberale Auslegung
der politischen Auffassungen von Autoren wie Francisco de Vitoria,
Fernando Vázquez de Menchaca und Juan de Mariana war bis in
die 1930er Jahre dominant. Die Herausbildung moderner Vorstel- Volks-
lungen von Volkssouveränität und der Begrenzung der politischen souveränität
Gewalt wurde den spanischen Theologen und Juristen zugeschrieben
(Rommen 1926; Bullón Fernández 1935; Kleinhappl 1935; Mesnard
1936; Dempf 1937; van Nifterik 1999), auch wenn die Tendenz zur
Verteidigung absolutistisch regierender Monarchen in den Arbeiten
von etwa Francisco Suárez nicht ignoriert wurde (Recaséns Siches
1927). Während der Franco-Zeit wurde dann manchmal die autoritäre
Dimension im politischen Denken der Theologen des *siglo de oro*
hervorgehoben (Sánchez Agesta 1959).

10.3.6 Heterogenität des politischen Denkens

Die liberale Rückbesinnung auf die frühneuzeitliche Scholastik wirkt
in der Historiographie der Nachkriegszeit nach (Reibstein 1949 und
1955; Hamilton 1963; Costello 1974; Fernández-Santamaría 2005 und
2006; Campagna 2013). Der Beitrag der frühneuzeitlichen katholi- Widerstands-
schen Scholastiker zur Widerstandslehre ist ein beliebtes Thema in lehre
der politischen Ideengeschichte (exemplarisch Skinner 1979), tritt
aber gegenüber der Fülle der Literatur über die calvinistischen und
lutheranischen Ausführungen zum Widerstandsrecht beinahe in
den Hintergrund (exemplarisch De Benedictis/Lingens 2003). Jüngst
werden radikale Auslegungen der Legitimation des Tyrannenmords
in den politischen Theorien von Jesuiten wie etwa Juan de Mariana kritisch hinterfragt (Braun 2007). Darüber hinaus wird die er-
hebliche Vielfalt von Meinungen in politischen Angelegenheiten,
auch innerhalb von bestimmten religiösen Orden wie den Jesuiten
selbst, betont (Höpfl 2004). Überhaupt erscheint es schwierig, die
politischen Überzeugungen einzelner katholischer Theologen der

Frühen Neuzeit als eine Einheit zu betrachten. Dies wird deutlich, wenn man beispielsweise die detaillierten und weitgehend divergenten Theorien über die Gewissensbindung von Steuergesetzen untersucht (Lavenia 2004). Erfreulicherweise werden die angeblich liberal-modernen Ordnungsvorstellungen von Autoren wie Domingo de Soto, Diego de Covarruvias y Leyva oder Luis de Molina zunehmend mit den spätmittelalterlichen Wurzeln der frühneuzeitlichen Staatsvorstellung in Verbindung gebracht (Meccarelli 2009).

Spätmittelalterliche Wurzeln

10.3.7 Staatliche und kirchliche Gewalt

Ein Sonderproblem war für die frühneuzeitlichen Scholastiker die Begründung, Begrenzung und Aufteilung der politischen Gewalt (*potestas*). Auch wenn die Sekundärliteratur sich häufig auf die Beiträge Vitorias und Suárez' zur Erörterung dieses Themenkomplexes beschränkt, finden die Ausführungen anderer Autoren wie etwa Martín de Azpilcuetas zunehmend Berücksichtigung (Martínez Tapia 1997). Insbesondere das Verhältnis von geistlicher und weltlicher Gewalt stand im Mittelpunkt der theologisch-kanonistischen Betrachtungen (Merzbacher 1960). Dabei waren in der Praxis die Interessen von kirchlichen und staatlichen Institutionen im Spanien der Frühen Neuzeit eng miteinander verbunden. Allerdings beanspruchten die weltlichen Obrigkeiten zunehmend die Kontrolle über die Steuerung der Probleme des Alltags, zum Beispiel im Bereich von Armut und Migration. Der Durchbruch der staatlichen Armenfürsorge löste unter den spanischen Theologen heftige Reaktionen aus. Bekannt ist vor allem Domingo de Sotos Angriff auf die obrigkeitliche Regulierung der Armenfürsorge. Er befürchtete den Zerfall der christlichen Nächstenliebe und den Verlust der Möglichkeit, durch Almosen das Seelenheil sicher zu stellen (Garrán Martínez 2004).

Staatliche Armenfürsorge

In der Tat beharrten die Theologen und Kanonisten gerade angesichts der heranwachsenden Staatsgewalt auf den Machtansprüchen der Kirche, indem sie zum Beispiel ihre finanzielle Unabhängigkeit mittels eines gemäßigten Zehntrechts verteidigten (Landau 2001). Begründet wurde diese selbstbewusste Haltung unter Verweis auf die herkömmliche Lehre der indirekten kirchlichen Gewalt in weltlichen Angelegenheiten (*potestas indirecta*): Sobald das Seelenheil gefährdet sei, dürfe die Kirche in den weltlichen Bereich eingreifen. Diese Theorie wurde von Jesuiten wie Roberto Bellarmin, Leonardus

Indirekte kirchliche Gewalt in weltlichen Angelegenheiten

Lessius und Francisco Suárez in kontra-reformatorischem Stil weiter vorangetrieben, vor allem im Hinblick auf die politischen Entwicklungen in England, Frankreich, Italien und Spanien (Schatz 2000; Motta 2005; Brieskorn 2009; Broggio 2009; Tutino 2010). Während die geistliche Gewalt sich in den reformierten Gebieten Europas im Bereich weltlicher Angelegenheiten generell der weltlichen Obrigkeit unterordnete, erhob die katholische Kirche zumindest theoretisch den Anspruch auf eine begrenzte weltliche Steuerungsgewalt. Auch wenn es vor allem für die reformierten Gebiete wertvolle Forschungsansätze gibt (Prodi 2003; Friedeburg/Schorn-Schütte Hg. 2007; Schorn-Schütte Hg. 2012; Pihlajamäki 2014), besteht weiterhin Bedarf an vergleichenden Studien über den Zusammenhang zwischen kirchlichen und weltlichen Obrigkeiten in katholischen bzw. protestantischen Ländern.

11 Philosophische Perspektive

11.1 Naturrecht

Zu Beginn des 21. Jahrhunderts erlebt die philosophische Auseinandersetzung mit der frühneuzeitlichen Scholastik geradezu eine
Hochkonjunktur. Neben den bereits angeführten Studien über den
Beitrag der Scholastiker zur Entwicklung der Menschenrechte, der
politischen Theorie oder der Völkerrechtsphilosophie seien hier vor
allem die fast unüberschaubaren Untersuchungen zum Naturrechtsbegriff der Theologen der Frühen Neuzeit erwähnt. Einen Überblick
über die Fülle an Literatur, die im Verlaufe des letzten Jahrhunderts
vor allem in den italienischen und deutschen Sprachräumen entstanden ist, kann man sich durch die Lektüre einiger Standardwerke
relativ schnell verschaffen (Specht 1977; Scattola 1999; Todescan
2007). Auch für den spanischen Raum bieten sich sowohl hilfreiche
Gesamtdarstellungen (Pérez Luño 1994; Carpintero Benítez 2000)
als auch Sonderstudien mit weiteren bibliographischen Hinweisen

John Finnis   an (Cruz Cruz Hg. 2009; Spindler 2015). Im angelsächsischen Raum
wurde das Interesse am Naturrecht der frühneuzeitlichen Scholastiker nicht zuletzt durch ihre – manchmal kritisierte (Westerman
1998) – Neubelebung im rechtsphilosophischen Denken von John
Finnis aus Oxford geweckt (Finnis 2011).

11.2 Subjektive Rechte

Noch mehr als die Frage nach dem Naturrecht im Singular steht
die Entwicklung von naturrechtlich begründeten subjektiven Rech-
ten im Vordergrund der philosopischen Betrachtungen (Brett 1997;
Kaufmann/Schnepf Hg. 2007; Fidora/Lutz-Bachmann/Wagner Hg.

Michel Villey   2010; Varkemaa 2012; Haar/Simmermacher 2014). In dieser Hinsicht
war die Auslegung des scholastischen Rechts- und Gesetzesbegriffs
in den Vorlesungen und Beiträgen des Pariser Philosophen Michel
Villey maßgeblich (Villey 1973a, 1973b und 1975). Sie wurden in viele Sprachen übersetzt und regelmäßig neu gedruckt. Villeys Thesen über die frühneuzeitliche Geburt der subjektiven Rechte unter
Einfluss der nominalistisch geprägten scholastischen Rechtsphilosophie fanden breiten Anklang (etwa bei Luhmann 1993). Dabei

sind Villeys Auffassungen durchaus angreifbar (Pérez Luño 1994; Donahue 2001). Jedenfalls ist nicht auszuschließen, dass zwischen der nominalistischen Prägung des frühneuzeitlichen scholastischen Rechtsbegriffs und der dezidiert freiheitsorientierten Handlungsethik mancher Theologen eine enge Verbindung bestand. Dies lässt sich zum Beispiel aus ihren Erörterungen über die moralische Selbstherrschaft ableiten (Schüßler 2006a; Seelmann 2007).

Moralische Selbstherrschaft

11.3 Säkularisierung

Oft werden die Unterschiede zwischen dem scholastischen und dem modernen, aufklärerischen Naturrechtsbegriff hervorgehoben (Todescan 1973; Todescan 1983/1987/2001; Scattola 1999). Umstritten bleibt allerdings, ob eine säkularisierte Vorstellung des Naturrechts erst Hugo Grotius zu verdanken sei (Grunert 2000, 77–107; Todescan 2003). Die These der Säkularisierung des Naturrechts wird vor allem damit belegt, dass Grotius die Weitergeltung des Naturrechts stipulierte, „auch wenn es Gott nicht gäbe". Allerdings war diese Hypothese bereits den spätmittelalterlichen Scholastikern geläufig (Negro 2000; Mandrella 2004). Im 18. Jahrhundert warf der lutherische Theologe und Jurist Johann Gottlieb Heineccius Grotius geradezu vor, bei der Formulierung dieser Hypothese zu sehr von der scholastischen Tradition inspiriert worden zu sein (Bergfeld 1999, 107). Der Übergang zwischen dem Naturrechtsverständnis von Theologen des frühen 17. Jahrhunderts und dem angeblich säkularisierten Naturrecht von Juristen wie Hugo Grotius erscheint zumindest fließend (Recknagel 2010, 21–102). Vor allem Francisco Suárez wird als Verdienst angerechnet, zwischen voluntaristischen und intellektualistischen Auffassungen der verbindlichen Kraft von Gesetzen vermittelt und damit die Grundlagen für den grotianischen Naturgesetzbegriff gelegt zu haben (Specht 1959; Hartung 1998; Courtine 1999; Pink 2012; Bach/Brieskorn/Stiening Hg. 2013).

„Auch wenn es Gott nicht gäbe"

11.4 Ausstrahlung

Insgesamt ließe sich ein intensiviertes Gespräch zwischen Spezialisten der frühneuzeitlichen Scholastik und Historikern der modernen Philosophie empfehlen. Die Wirkung scholastischer Denker des 16.

Gottfried Wilhelm von Leibniz

und 17. Jahrhunderts auf „Klassiker" der Philosophie wie René Descartes (1596–1650), Gottfried Wilhelm von Leibniz (1646–1716) oder Immanuel Kant (1724–1804) wurde nur spärlich, aber erfolgreich untersucht (Rintelen 1903; Robinet 1980; Courtine 1999; Ariew 2011; Agamben 2012, 104–143; Ariew 2012; Ertl 2014).

11.5 Mittelalterliche Verwurzelung

Gleichzeitig erfordert eine solide Wertschätzung der philosophischen Leistungen der frühneuzeitlichen Theologen eine verstärkte Würdigung der mittelalterlichen Wurzeln ihres Gedankenguts (Orrego Sánchez 2008). Dies gilt insbesondere für das wirtschaftsethische Denken der frühneuzeitlichen Scholastiker, das besondere Kontinuitäten mit dem franziskanischen Gedankengut aufweist (Todeschini 2002; Piron Ed./Übers. 2012). In dieser Hinsicht sollte die Vermittlerrolle von Theologen wie Bernardin von Siena, Antonin von Florenz, Gabriel Biel, Konrad Summenhart, Pieter Crockaert und John Mair

Handbuch-
literatur für
Beichtväter

verstärkt in den Blick genommen werden. Auch die frühneuzeitlichen Translationsprozesse der spätmittelalterlichen Handbuchliteratur für Beichtväter (exemplarisch Goering 2008a und 2008b) verdienen nähere Untersuchung. Wichtige Ansätze zur Überwindung der manchmal künstlich wirkenden Kluft zwischen spätmittelalterlicher und frühneuzeitlicher Scholastik werden zunehmend von den Mediävisten selbst geleistet, indem sie den zeitlichen Rahmen ihrer Forschungen bis auf die Frühe Neuzeit ausweiten (exemplarisch Speer/Guldentops Hg. 2013). Daneben könnte die Aufmerksamkeit vermehrt auf die Verortung der frühneuzeitlichen Scholastik in der Aristoteles-Renaissance des 16. Jahrhunderts gelenkt werden (Forlivesi 2006; Scattola 2007; Leinsle 2010; Blum 2012).

11.6 Probabilismus

Blaise Pascal

Ein besonderer Grund für die Vernachlässigung der frühneuzeitlichen Scholastiker sowohl in der philosophisch-historischen als auch in der theologiegeschichtlichen Forschung liegt darin, dass ihre Moralkasuistik von Blaise Pascal (1623–1662) in seinen *Lettres Provinciales* diskreditiert wurde (Fabre/Maire Hg. 2010). Die kasuistische Methode erlaubte es den Theologen, in schwierigen Fällen die Kluft zwischen Ideal und Praxis dadurch zu überbrücken, dass sie weitgehend spezielle Umstände bei der Fallbeurteilung berücksichtigen konnten (Jonsen/Toulmin 1988; Leites Hg. 1988a; Schmitz 1992; Braun/Vallance Hg. 2004; Hurtubise 2005; Knebel 2005). Insbesondere den Jesuiten wurde eine Doppelmoral vorgeworfen, die der Offenlegung des polemisch-rhetorischen Tons der Pascal'schen Streitschrift zum Trotz bis heute die Wahrnehmung der probabilistisch ausgerichteten Morallehre beeinträchtigt. Der Probabilismus war eine Theorie, die den Theologen das Entscheiden unter moralischer Unsicherheit ermöglichte, indem eine Meinung befolgt werden durfte, sobald sie durch entweder eine Autorität oder die Vernunft befürwortet werden konnte (s. vorne 3.6) (Schmitz 1990; Otte 1973; Kantola 1994; Knebel 2000; Quantin 2002; Schüßler 2003; Fleming 2006; Schwartz 2014). Auf jeden Fall darf die Polemik über den Probabilismus nicht darüber hinwegtäuschen, dass Philosophen im 17. und 18. Jahrhundert ihre eigenen Morallehren in der Auseinandersetzung mit dem scholastischen Erbe entwickelt haben (Schüßler 2006b). Darüber hinaus wird der Probabilismus als ein wesentlicher Beitrag zur epistemologischen Debatte über den Umgang mit Meinungspluralismus gewürdigt (Schüßler 2014b, 202).

Umgang mit Meinungspluralismus

11.7 Metaphysik

Auch wenn an dieser Stelle nicht auf die Fülle an philosophisch-historischen Untersuchungen zu den metaphysischen Lehren der frühneuzeitlichen Scholastiker eingegangen werden kann (exemplarisch Novotný 2013 und Heider 2014), ist letztlich die Tendenz zu begrüßen, die moralischen, juristischen und politischen Vorstellungen der frühneuzeitlichen Scholastiker vor dem Hintergrund ihrer Auseinandersetzung mit der Metaphysik zu begreifen (Kaufmann/Schnepf Hg. 2007; Fidora/Lutz-Bachmann/Wagner Hg. 2010; Orrego Sánchez 2010; Coujou 2012; Bunge/Spindler/Schweighöfer/Wagner Hg. 2013).

12 Theologische Perspektive

12.1 Innenansicht

Es gilt zu betonen, dass die frühneuzeitliche Scholastik hauptsächlich von theologisch und kirchenrechtlich gebildeten Gelehrten getragen wurde. Der berühmten Aussage Francisco de Vitorias zufolge reichen die berufliche Pflicht und Aufgabe eines Theologen so weit, „dass kein Stoff, keine Erörterung, kein Gebiet dem Fach und der Absicht der Theologie fremd ist" (Repgen 2014b, 270). Dementsprechend sind die oben angeführten Lehren, denen sich derzeit meist Wirtschafts-, Rechts- oder Philosophiehistoriker widmen, grundsätzlich vor einem theologisch-kanonistischen Kontext zu deuten (Decock 2013, 21–144). Weder die wirtschaftsanalytischen noch die rechtsdogmatischen oder politikphilosophischen Ausführungen der Scholastiker können ohne Betrachtung des übergreifenden Konzepts des Seelenheils (*salus animarum*) vollständig erfasst werden. Je klarer sich der moderne Wissenschaftler die theologische Grundeinstellung von Autoren wie Soto, Medina oder Suárez vor Augen führt, desto befremdlicher mag diesem ihre Lebens- und Gedankenwelt erscheinen. Außerdem wird er über das jedenfalls im letzten halben Jahrhundert verhältnismäßig gering ausfallende theologische Fachinteresse für die frühneuzeitliche Scholastik erstaunt sein. Wie bereits erwähnt, liegt die Vermutung nahe, dass diese wissenschaftshistorische Entwicklung einer gewissermaßen antischolastischen und rechtsfeindlichen Grundhaltung, die sich nach dem Zweiten Vatikanischen Konzil endgültig in der katholischen Moraltheologie durchgesetzt hat (Donahue 2005; Habsburg-Lothringen 2007; Keenan 2010), entspricht. Dabei soll erfreulicherweise bemerkt werden, dass sich historische Untersuchungen zur Scholastik erst recht unter diesen Bedingungen entfalten können, gerade weil die scholastische Theologie der Vergangenheit an normativer Kraft für die Gegenwart eingebüßt hat.

Seelenheil

Zweites Vatikanische Konzil

12.2 Moraltheologie

Die Scholastiker der Frühen Neuzeit finden in den Referenzwerken zur Geschichte der Moraltheologie Berücksichtigung (Theiner 1970;

Pinckaers 1985; Vereecke 1986; Mahoney 1987; Kleber 2005; Hilpert
Hg. 2012). Ihre Eigenständigkeit als wissenschaftliche Disziplin verdankt die Moraltheologie überhaupt der Entstehung von neuen Lite-
raturgattungen in der frühneuzeitlichen Scholastik, vor allen Dingen
den Traktaten *De justitia et jure* und Juan Azors *Institutiones morales*. Dennoch ist der Rückgriff auf jene Theologen in gegenwärtigen
Debatten eher selten, auch wenn einige moderne Theologen, deren
Namen schon erwähnt wurden, sich maßgeblich an der Wiederentdeckung der wirtschaftsethischen Lehre der Scholastiker beteiligt
haben (exemplarisch Gómez Camacho 1998). Ansonsten wird die
ideengeschichtliche Aufarbeitung von moraltheologischen Sonder-
themen zu einem erheblichen Teil, wenn nicht ausschließlich, von
Allgemeinhistorikern vorgenommen. Beispiele sind Forschungen
über die scholastischen Auseinandersetzungen mit der Lüge (Zagorin 1990; Tutino 2014), der Kriegsethik (Holzem 2009; Lavenia 2014)
oder der Gerechtigkeitslehre (Giers 1958; Deckers 1991). Auf die teils
auch von Theologen veröffentlichte Literatur über Moralkasuistik
und Probabilismus wurde bereits hingewiesen (s. 11.6).

*Eigenständig-
keit als wissen-
schaftliche
Disziplin*

12.3 Missionstheologie

Oft weist die Geschichte der Missionstheologie Querverbindungen zu
ethisch-politischen Fragestellungen auf, etwa im Fall der spanischen
bzw. portugiesischen Eroberung Amerikas (Borobio García/Aznar
Gil/García y García 1988; Cohen 1997; Sievernich 2012). Im Übrigen
ist die explosionsartige Rückbesinnung auf die globalhistorische
Bedeutung von Missionsorden in der Frühen Neuzeit, insbesondere
der Jesuiten, auffällig. Die stetig wachsende Literatur zu diesem Thema kann an dieser Stelle nur insofern erwähnt werden, als sie sich
zumindest teilweise mit verwaltungsrechtlichen und moralisch-poli-
tischen Fragen beschäftigt (Broggio 2004; Clossey 2010; Friedrich
2011; Fechner 2012).

*Spanische bzw.
portugiesische
Eroberung
Amerika*

12.4 Salamanca als Erneuerungsbewegung

Die juristischen und moralischen Lehren der frühneuzeitlichen Scholastiker werden von theologischer Seite häufig im Zusammenhang
mit der Erneuerung der scholastischen Theologie im 16. Jahrhun-

„Schule von
Salamanca"

dert erörtert. Die Zurückdrängung der Sentenzen Peter Lombards zugunsten einer Neubelebung der thomistischen Summen als Referenztexte für den Theologieunterricht wird meistens in Bezug auf die Entstehung der „Schule von Salamanca" analysiert (Belda Plans 2000; Jericó Bermejo 2005; Anxo Pena González 2009). Dabei sollte die Renaissance der thomistischen Theologie an anderen europäischen Universitäten nicht vergessen werden (vgl. Kap. 1). Mitte des 16. Jahrhunderts zeigte der Dominikaner Melchor Cano (1509–1560) mit seinem *De locis theologicis* eine systematische Methode für die wissenschaftliche Ausübung der Theologie auf, die als Anfangspunkt der Fundamentaltheologie gewürdigt wird (Belda Plans 2006).

Philologisch-
humanistische
Prägung

Die neue philologisch-humanistische Prägung der zeitgenössischen spanischen Theologie wird manchmal am Beispiel Luis de Leóns (1527–1591) illustriert. Wie der Inquisitionsprozess gegen León allerdings belegt, wurde die Anwendung der philologisch-kritischen Methode auf die Bibelexegese im Verlauf des 16. Jahrhunderts in Spanien zurückgedrängt (Horst 2000; Decock 2015c). Ohnehin ist ein starker Gegensatz zwischen „Humanismus" und „Scholastik" für die spanische intellektuelle Welt des 16. Jahrhunderts nicht angemessen (Braun 2007, 162; vgl. 2.7). Die theologischen und juristischen Studien der Zeit sind vorwiegend von einem synkretistischen Geist durchdrungen, von dem insbesondere auch die Kanonistik geprägt war (Landau 1999; Decock 2013, 40–43).

12.5 Gewissen und Beichte

In der Schnittstelle theologischer und kanonistischer Perspektiven auf die frühneuzeitliche Scholastik liegt das Sakrament der Beichte (Borobio García 2006; O'Banion 2012). Die juristische Ausprägung der katholischen Beichte unterscheidet sich gerade von den reformierten Neuauffassungen von der Rolle von Gewissen und Rechtfertigung (Rittgers 2004; Schmoeckel 2008). Sie ist Grund dafür, dass nach Meinung der frühneuzeitlichen Scholastiker von einem guten Theologen solide Grundkenntnisse auf dem Gebiet des kanonischen Rechts erwartet werden konnten. Denn im Gewissensgericht (*forum*

Ekklesiologisches
Verständnis der
katholischen
Kirche

internum) entscheide der Beichtvater auf Grundlage von moralischen Gesetzen genauso objektiv wie ein Richter (Mostaza 1967–1968). Der hohe Stellenwert des Beichtsakraments hängt mit dem ekklesiologischen Verständnis der katholischen Kirche als exklusiver Inhaberin der Schlüsselgewalt zusammen. Daneben spielen die hier nicht weiter verfolgbaren Debatten über das Verhältnis von freiem Willen und göttlicher Gnade und die entsprechende Ablehnung der protestantischen Prädestinationslehre eine bedeutsame Rolle (Schneemann 1881; Döllinger/Reusch Hg. 1889). Diese ekklesiologischen und dogmatisch-theologischen Grundannahmen wurden auf dem Konzil von Trient (1545–1563) noch einmal ausdrücklich verschärft (Klinger 1978; Prodi/Reinhard Hg. 1996; O'Malley 2013). Angesichts ihrer zentralen Bedeutung sind also weitere Untersuchungen zu den Auffassungen der frühneuzeitlichen Scholastiker zum Beichtsakrament unerlässlich.

12.6 Forschungsdesiderate

Generell würde man sich zusätzliche Studien zur allgemeinen und zur besonderen Sakramentenlehre der Scholastiker wünschen (Borobio García 2011). Wichtige Forschungsansätze bestehen im Bereich des Sakraments der Taufe (Jericó Bermejo 1995; Borobio García 2007; Birr 2013b). Weitere Forschungsdesiderate gibt es im Spannungsfeld von Kanonistik und Theologie in der Frühen Neuzeit. Berühmt ist mittlerweile die Bezeichnung der „zweiten Scholastik" (*seconda scolastica*) als „zweite Kanonistik" (Legendre 1980, 449). Tatsächlich ist die kanonistische Prägung der frühneuzeitlichen scholastischen Theologie unverkennbar, so dass nicht ohne Recht behauptet wird, die reiche kanonistische Rechtswissenschaft des Mittelalters sei während der Frühen Neuzeit in die Moraltheologie abgewandert (Prodi 2010). Diese Verlagerung der kirchlichen Rechtsfortbildung soll allerdings nicht darüber hinwegtäuschen, dass die Kanonistik des 16. Jahrhunderts gerade in Salamanca eine Blütezeit erlebte, die bis in die Neuzeit hinein ihre Spuren hinterlassen hat (Landau 2001; Fantappiè 2008). Hier sei nur knapp auf die grundlegende Bedeutung von führenden Kanonisten der damaligen Zeit wie Martín de Azpilcueta und seinen Schüler Diego de Covarruvias y Leyva hingewiesen (Merzbacher 1989; Lavenia 2003; Pérez Martín Hg. 2012; Bezares 2013). Darüber hinaus feierte der philologisch-kritische Umgang mit den mittelalterlichen kanonistischen Texten seinen Höhepunkt mit dem Werk von Antonio Agustín (1516–1586) (Crawford 1993; Alcina Rovira/Salvadó Recasens 2007). Unter dem Einfluss Agustíns leisteten die *correctores Romani* ihre textkritische

Sakramentenlehre

Verlagerung der kirchlichen Rechtsfortbildung

Arbeit für die von Papst Gregor XIII. veranlasste Gesamtausgabe der klassischen kanonistischen Texte des *Corpus iuris canonici* (Sommar 2009). Grundsätzlich verdient allgemein die Kanonistik des 17. und 18. Jahrhunderts mehr Beachtung (Meyer 2012), gerade in ihrem Zusammenhang mit der zeitgenössischen scholastisch-kasuistischen Moraltheologie. Schließlich wurden die Lehrstühle für Moraltheologie und Kanonistik häufig von derselben Person besetzt, wie die Beispiele des Franziskaners Anaklet Reiffenstuel und des Augustiner-Chorherren Eusebius Amort belegen.

Lehrstühle für Moraltheologie und Kanonistik

13 Zukunftsperspektive

Im Vergleich zur Fülle der im 2. Kapitel aufgeführten Primärquellen ist die Konzentration der herkömmlichen Forschung auf die spanischen Theologen und Kanonisten, hauptsächlich auf Angehörige der Dominikaner- und Jesuitenorden, auffällig. Tatsächlich genossen die Mitglieder anderer, oft stark im deutschsprachigen Raum präsenter Orden wie der Augustiner-Chorherren, Benediktiner und Franziskaner-Reformaten bislang relativ wenig Aufmerksamkeit in der Forschung. Noch weniger Berücksichtigung hat die protestantische Literatur an der Schnittstelle von Recht und Moral gefunden. Dabei läge eine Studie zur juristischen Bedeutung etwa der scholastischen Disputationen des holländischen reformierten Theologen Gijsbert Voetius (1589–1676) auf der Hand. Somit beleuchtet die hier besprochene Sekundärliteratur eigentlich nur einen kleinen Teil der frühneuzeitlichen scholastischen Literatur über Recht und Moral. Folgerichtig bietet sich für die Zukunft sowohl eine stärkere Integration der disziplinär unterschiedlichen Forschungsperspektiven als auch eine geografisch-konfessionelle Horizonterweiterung an.

Geografisch-konfessionelle Horizonterweiterung

Teil 4: **Bibliographie und Verzeichnisse**

14 Bibliographie

Agamben 2012 = Agamben, Giorgio, Opus Dei. Archeologia dell'ufficio. Turin 2012

Alcina Rovira/Salvadó Recasens 2007 = Alcina Rovira, Juan Francisco und Salvadó Recasens, Joan, La biblioteca de Antonio Agustín. Los impresos de un humanista de la Contrarreforma. Zaragoza 2007

Alfieri 2010 = Alfieri, Fernanda, Nella camera degli sposi. Tomás Sánchez, il matrimonio, la sessualità: secoli XVI–XVII. Bologna 2010

Alonso-Lasheras 2011 = Alonso-Lasheras, Diego, Luis de Molina's De iustitia et iure. Justice as Virtue in an Economic Context. Leiden/Boston 2011

Alves/Moreira 2010 = Anzevedo Alves, André und Moreira, José M., The Salamanca School. London/New York 2010

Amezúa Amezúa 2008 = Amezúa Amezúa, Luis Carlos, Orden internacional y derecho cosmopolita: el ius gentium de Suárez. In: Hacia un paradigma cosmopolita del derecho? Pluralismo jurídico, ciudadanía y resolución de conflictos, hg. von Nuria Belloso Martín und Alfonso Julios-Campuzano. Madrid 2008, S. 23–48

Andrés Santos 2012 = Andrés Santos, Francisco Javier, Obras de Diego de Covarrubias y Leyva. In: Diego de Covarrubias y Leyva: el humanista y sus libros, hg. von Margarita Becedas González, Inmaculada Pérez Martín und Óscar Lilao Franca. Salamanca 2012, S. 93–112

Anghie 2007 = Anghie, Antony, Imperialism, Sovereignty and the Making of International Law. Cambridge 2007

Anxo Pena González 2009 = Anxo Pena González, Miguel, La Escuela de Salamanca. De la Monarquía hispánica al Orbe católico. Madrid 2009

Ariew 2011 = Ariew, Roger, Descartes among the Scholastics. Leiden 2011

Ariew 2012 = Ariew, Roger, Descartes and Leibniz as Readers of Suárez: Theory of Distinctions and Principle of Individuation. In: The Philosophy of Francisco Suárez, hg. von Benjamin Hill und Henrik Lagerlund. Oxford 2012, S. 38–53

Bach/Brieskorn/Stiening (Hg.) 2013 = Auctoritas omnium legum: Francisco Suárez' De legibus zwischen Theologie, Philosophie und Jurisprudenz, hg. von Oliver Bach, Norbert Brieskorn und Gideon Stiening. Stuttgart 2013

Barcia Trelles 1927 = Barcia Trelles, Camilo, Francisco de Vitoria et l'école moderne du droit international. In: Recueils des cours de l'Académie de droit international 17 (1927-II), S. 109–342

Barcia Trelles 1928 = Barcía Trelles, Camilo, Francisco de Vitoria et l'École moderne du droit international. Paris 1928

Barcia Trelles 1933 = Barcia Trelles, Camilo, Francisco Suarez (1548–1617): les théologiens espagnols du XVIème siècle et l'école moderne du droit international. In: Recueils des cours de l'Académie de droit international 43 (1933-I), S. 385–553

Barcia Trelles 1939 = Barcia Trelles, Camilo, Fernado Vázquez de Menchaca (1512–1569): l'école espagnole du droit international du XVIème siècle. In: Recueils des cours de l'Académie de droit international 67 (1939-I), S. 430–534

Barrientos García 1985 = Barrientos García, José, Un siglo de moral económica (1526–1629). Bd. 1: Francisco de Vitoria y Domingo de Soto. Salamanca 1985

Barrientos García 1996 = Barrientos García, José, Fray Luis de León y la Universidad de Salamanca. Madrid 1996

Barrientos García 2011 = Barrientos García, José, Repertorio de moral económica, 1526–1670: la Escuela de Salamanca y su proyección. Pamplona 2011

Bauer 1996 = Bauer, Emmanuel J., Thomistische Metaphysik an der alten Benediktineruniversität Salzburg. Darstellung und Interpretation einer philosophischen Schule des 17./18. Jahrhunderts. Innsbruck/Wien 1996

Becker 1988 = Becker, Hans-Jürgen, Schlüsselgewalt, kirchenrechtlich. In: Handwörterbuch zur deutschen Rechtsgeschichte, Bd. 4. Berlin 1988, Sp. 1450

Becker 2014 = Becker, Hans-Jürgen, Das Zinsverbot im lateinischen Mittelalter. In: Was vom Wucher übrigbleibt. Zinsverbote im historischen und interkulturellen Vergleich, hg. von Matthias Casper, Norbert Oberauer und Fabian Wittreck. Tübingen 2014. S. 15–46

Beinert 2000 = Beinert, Wolfgang, Schlüsselgewalt. In: Lexikon für Theologie und Kirche 9 (2000), S. 167–169

Belda Plans 2000 = Belda Plans, Juan, La escuela de Salamanca y la renovación de la teología en el siglo XVI. Madrid 2000

Belda Plans (Ed.) 2006 = Melchor Cano, De locis theologicis, ed. Juan Belda Plans. Madrid 2006

Beltrán de Heredia (Ed./Übers.) 1932 = Francisco de Vitoria, Comentarios a la Secunda secundae de Santo Tomás, ed. und übers. von Vicente Beltrán de Heredia. Salamanca 1932–1952, 17 Bde.

Bergfeld 1973 = Bergfeld, Christoph, Die Stellungnahme der spanischen Spätscholastiker zum Versicherungsvertrag. In: La Seconda Scolastica nella formazione del diritto privato moderno, hg. von Paolo Grossi. Mailand 1973, S. 457–474

Bergfeld 1977 = Bergfeld, Christoph, Katholische Moraltheologie und Naturrechtslehre. In: Handbuch der Quellen und Literatur der neueren europäischen Privatrechtsgeschichte, Band II, Teilband I.1., hg. von Hemut Coing. München 1977, S. 999–1033

Bergfeld 1999 = Bergfeld, Christoph, Staat und Gesetz, Naturrecht und Vertrag bei Grotius und Heineccius. In: Gesellschaftliche Freiheit und vertragliche Bindung in Rechtsgeschichte und Philosophie, hg. von Jean-François Kervégan und Heinz Mohnhaupt. Frankfurt am Main 1999, S. 95–120

Bezares 2013 = Bezares, Luis E. Rodríguez San Pedro, El canonista Diego de Covarruvias y Leyva (1512–1577) y la Universidad de Salamanca. In: Revista Española de Derecho Canónico 70 (2013), S. 41–65

Birocchi 1990 = Birocchi, Italo, Tra elaborazioni nuove e dottrine tradizionali. Il contratto trino e la natura contractus. In: Quaderni fiorentini per la storia del pensiero giuridico moderno 19 (1990), S. 243–322

Birr 2013a = Birr, Christiane, Recht als Argument in Bartolomé de Las Casas' Tratado sobre los indios que han sido hechos esclavos. In: Kontroversen um das Recht, Beiträge zur Rechtsbegründung von Vitoria bis Suárez, hg. von Kirstin Bunge, Anselm Spindler, Stefan Schweighöfer und Andreas Wagner. Stuttgart 2013, S. 93–125

Birr 2013b = Birr, Christiane, Titulus ad regnum coelorum: Zur Taufe und ihren Wirkungen in der theologisch-juristischen Argumentation der Schule von Salamanca. In: Rechtsgeschichte – Legal History 21 (2013), S. 129–141

Birr/Decock 2017 = Birr, Christiane und Decock, Wim, Die Schule von Salamanca, Berlin/Boston 2017 (in Vorbereitung)

Blum 2012 = Blum, Paul Richard, Studies on Early Modern Aristotelianism. Leiden/Boston 2012

Boarini (Hg.) 2009 = La casuistique classique. Genèse, formes, devenir, hg. von Serge Boarini. Saint-Étienne 2009

Bordat 2006 = Bordat, Josef, Gerechtigkeit und Wohlwollen. Das Völkerrechtskonzept des Bartholomé de Las Casas. Aachen 2006

Borobio García 2006 = Borobio García, Dionisio, El sacramento de la penitencia en la Escuela de Salamanca. Salamanca 2006

Borobio García 2007 = Borobio García, Dionisio, Sacramentos en general. Bautismo y confirmación en la Escuela de Salamanca. Salamanca 2007

Borobio García 2011 = Borobio García, Dionisio, Antropología, símbolos y sacramentos en los salmanticenses (Siglo XVII). Salamanca 2011

Borobio García/Aznar Gil/García y García (Hg.) 1988 = Evangelización en América, hg. von Dionisio Borobio García, Federico Aznar Gil und Antonio García y García. Salamanca 1988

Boureau 2008 = Boureau, Alain, De vagues individus. La condition humaine dans la pensée scolastique. Paris 2008

Bourquin 1948 = Bourquin, Maurice, Grotius est-il le père du droit des gens? In: Grandes figures et grandes œuvres juridiques. Genève 1948, S. 77–99

Brambilla 1997 = Brambilla, Elena, Giuristi, teologi e giustizia ecclesiastica dal '500 alla fine del '700. In: Avvocati, medici, ingegneri. Alle origini delle professioni moderne (secoli XVI–XIX), hg. von Maria Luisa Betri und Alessandro Pastore. Bologna 1997, S. 169–206

Brambilla 2000 = Brambilla, Elena, Alle origini del Sant'Uffizio. Penitenza, confessione e giustizia spirituale dal Medioevo al XVI secolo. Bologna 2000

Braun 2007 = Braun, Harald, Juan de Mariana and Early Modern Spanish Political Thought, Aldershot-Burlington 2007

Braun/Vallance (Hg.) 2004 = Contexts of Conscience in Early Modern Europe, 1500–1700, hg. von Harald Braun und Edward Vallance. London 2004

Brett 1997 = Brett, Annabel, Liberty, Right and Nature. Individual Rights in Later Scholastic Thought. Cambridge 1997

Brett 2011 = Brett, Annabel, Changes of State: Nature and the Limits of the City in Early Modern Natural Law. Princeton 2011

Brett 2012 = Brett, Annabel, Francisco de Vitoria (1483–1546) and Francisco Suárez (1548–1617). In: Oxford Handbook of the History of International Law, hg. von Bardo Fassbender, Anne Peters, Simone Peter und Daniel Högger. Oxford 2012, S. 1086–1091

Brieskorn 2002 = Brieskorn, Norbert, Diego de Covarrubias y Leyva. Zum Friedens- und Kriegsdenken eines Kanonisten des 16. Jahrhunderts. In: Suche nach Frieden. Politische Ethik in der Frühen Neuzeit II, hg. von Norbert Brieskorn und Markus Riedenauer. Stuttgart 2002, S. 323–352

Brieskorn 2006 = Brieskorn, Norbert, Die Rechtsinstitution der Sklaverei in der Beurteilung der spätmittelalterlichen und frühneuzeitlichen Kanonistik. In: Proceedings of the Eleventh International Congress of Medieval Canon Law, hg. von Manlio Bellomo und Orazio Condorelli. Vatikanstadt 2006, S. 715–731

Brieskorn 2009 = Brieskorn, Norbert, Ein Treueid in der Kritik. Das Juramentum Fidelitatis des Königs Jakobs I. und die Stellungnahme des Francisco Suárez, In: Fatale Sprachen, hg. von Peter Friedrich und Manfred Schneider. München 2009, S. 139–154

Brieskorn 2010 = Brieskorn, Norbert, Erde ohne Grenzen – Ordnung ohne Hierarchie. Vitorias und Suárez' Vorstellungen von Internationalem Recht. In: Kosmopolitanismus. Zur Geschichte und Zukunft eines umstrittenen Ideals, hg. von Matthias Lutz-Bachmann, Andreas Niederberger und Philipp Schink. Weilerswist 2010, S. 39–58

Brieskorn/Stiening (Hg.) 2011 = Francisco de Vitorias De Indis in interdisziplinärer Perspektive, hg. von Norbert Brieskorn und Gideon Stiening. Stuttgart 2011

Broggio 2004 = Broggio, Paolo, Evangelizzare il mondo: le missioni della Compagnia di Gesù tra Europa e America (secoli XVI–XVII). Rom 2004

Broggio 2009 = Broggio, Paolo, La teologia e la politica. Controversie dottrinali. Curia romana e monarchia spagnola tra Cinque e Seicento. Florenz 2009

Brunori 2015 = Brunori, Luisa, Societas quid sit. La société commerciale dans l'élaboration de la seconde scolastique. Paris 2015

Bubenheimer 1977 = Bubenheimer, Ulrich, Consonantia theologiae et iurisprudentiae: Andreas Bodenstein von Karlstadt als Theologe und Jurist zwischen Scholastik und Reformation. Tübingen 1977

Bukała 2014 = Bukała, Marcin, Risk and Medieval Negotium. Spoleto 2014

Bukała 2015 = Bukała, Marcin, Contra malos divites et usurarios (1512) by Stanisław Zaborowski: The Problem of Usury and Renaissance Thought. In: LOEWE Research Focus Extrajudicial and Judicial Conflict Resolution Working Paper Series 21. Frankfurt am Main 2015

Bullón Fernández 1900 = Bullón Fernández, Eloy, Alfonso de Castro y la ciencia penal. Madrid 1900

Bullón Fernández 1935 = Bullón Fernández, Eloy, El concepto de la soberania en la escuela juridica española del siglo XVI. Madrid 1935

Bunge/Spindler/Wagner (Hg.) 2011 = Die Normativität des Rechts bei Francisco de Vitoria, hg. von Kirstin Bunge, Anselm Spindler und Andreas Wagner. Stuttgart 2011

Bunge/Spindler/Schweighöfer/Wagner (Hg.) 2013 = Kontroversen um das Recht. Beiträge zur Rechtsbegründung von Vitoria bis Suárez, hg. von Kirstin Bunge, Anselm Spindler, Stefan Schweighöfer und Andreas Wagner. Stuttgart 2013

Burns 1991 = Burns, James Henderson, Scholasticism: Survival and Revival. In: The Cambridge History of Political Thought, 1450–1700, hg. James Henderson Burns and Mark Goldie. Cambridge 1991, S. 132–155

Campagna 2013 = Campagna, Norbert, Staatsverständnisse im spanischen ,Siglo de Oro'. Baden-Baden 2013

Carpintero Benítez 2000 = Carpintero Benítez, Francisco, Historia breve del derecho natural. Madrid 2000

Carpintero Benítez 2003 = Carpintero Benitez, Francisco, Los escolásticos españoles en los inicios del liberalismo político y jurídico. In: Revista de estudios historico-juridicos 25 (2003), S. 341–373

Cathrein 1918 = Cathrein, Viktor, Die Grundlage des Völkerrechts. Freiburg im Breisgau 1918

Cavallar 2002 = Cavallar, Georg, The Rights of Strangers, Theories of International Hospitality, The Global Community, and Political Justice since Vitoria. Aldershot 2002

Ceccarelli 2003 = Ceccarelli, Giovanni, Il gioco e il peccato. Economia e rischio nel tardo Medioevo. Bologna 2003

Cessario 2005 = Cessario, Romanus, A Short History of Thomism. Washington DC 2005

Chafuen 2003 = Chafuen, Alejandro, Faith and Liberty. The Economic Thought of the Late Scholastics. Lanham 2003

Clavero 1991 = Clavero, Bartolomé, Antidora, Antropología católica de la economía moderna. Mailand 1991

Clayton 2012 = Clayton, Lawrence A., Bartolomé de Las Casas: A Biography. Cambridge 2012

Clossey 2010 = Clossey, Luke, Salvation and Globalization in the Early Jesuit Missions. Cambridge 2010

Cohen 1997 = Cohen, Thomas M., Who is my neighbor? The Missionary Ideals of Manuel da Nóbrega. In: Jesuit Encounters in the New World: Jesuit Chroniclers, Geographers, Educators and Missionaries in the Americas, 1549–1767, hg. von Joseph A. Gagliano and Charles R. Ronan. Rom 1997, S. 209–228

Condorelli 2008 = Condorelli, Orazio, Norma giuridica e norma morale, giustizia e salus animarum secondo Diego de Covarrubias, Riflessioni a margine della Relectio super regula ‚Peccatum'. In: Rivista internazionale di diritto comune 19 (2008), S. 163–201

Condorelli 2012 = Condorelli, Orazio, Le origini teologico-canonistiche della teoria delle leges mere poenales (secoli XIII–XVI). In: Der Einfluss der Kanonistik auf die europäische Rechtskultur, Bd. 3: Straf- und Strafprozessrecht, hg. von Mathias Schmoeckel, Orazio Condorelli und Franz Roumy. Köln 2012

Conte 2009 = Conte, Emanuele, Diritto comune. Storia e storiografia di un sistema dinamico. Bologna 2009

Coreth/Neidl/Pfligersdorffer (Hg.) 1988 = Christliche Philosophie im katholischen Denken des 19. und 20. Jahrhunderts, Bd. 2: Rückgriff auf scholastisches Erbe, hg. von Emerich Coreth, Walter M. Neidl und Georg Pfligersdorffer. Graz/Wien/Köln 1988

Costello 1974 = Costello, Frank Bartholomew, The Political Philosophy of Luis de Molina S. J. (1535–1600). Rom 1974

Coujou 2010 = Coujou, Jean-Paul, Bibliografía suareciana. Pamplona 2010.

Coujou 2012 = Coujou, Jean-Paul, Pensée de l'être et théorie politique. Le moment suarézien. Löwen 2012

Courtine 1999 = Courtine, Jean-François, Nature et empire de la loi: études suaréziennes. Paris 1999

Crawford 1993 = Crawford, Michael H., Antonio Agustín between Renaissance and Counter-reform. London 1993

Crawford/Koskenniemi (Hg.) 2012 = Cambridge Companion to International Law, hg. von James Crawford und Martti Koskenniemi. Cambridge 2012

Cruz Cruz (Hg.) 2007 = La ley natural como fundamento moral y jurídico en Domingo de Soto, hg. von Juan Cruz Cruz. Pamplona 2007

Cruz Cruz (Hg.) 2009 = La gravitación moral de la ley según Francisco Suárez, hg. von Juan Cruz Cruz. Pamplona 2009

Cruz Cruz (Hg.) 2010 = Delito y pena en el siglo de oro, hg. von Juan Cruz Cruz. Pamplona 2010

Daniel 1968 = Daniel, William, The Purely Penal Law Theory in the Spanish Theologians from Vitoria to Suárez. Rom 1968

De Benedictis/Lingens (Hg.) 2003 = Wissen, Gewissen und Wissenschaft im Widerstandsrecht, hg. von Angela De Benedictis und Karl-Heinz Lingens. Frankfurt am Main 2003

Deckers 1991 = Deckers, Daniel, Gerechtigkeit und Recht. Eine historisch-kritische Untersuchung der Gerechtigkeitslehre des Francisco de Vitoria (1483–1546). Freiburg im Breisgau 1991

Decock 2008 = Decock, Wim, L'usure face au marché: Lessius (1554–1623) et l'escompte des lettres obligataires. In: Le droit, les affaires et l'argent. Célébration du bicentenaire du code de commerce, hg. von Anne Girollet. Dijon 2008, S. 221–238

Decock 2009 = Decock, Wim, Lessius and the Breakdown of the Scholastic Paradigm. In: Journal of the History of Economic Thought 31(3), S. 57–78

Decock 2013 = Decock, Wim, Theologians and Contract Law: The Moral Transformation of the Ius commune (ca. 1500–1650). Leiden/Boston 2013

Decock 2015a = Decock, Wim, In Defense of Commercial Capitalism: Lessius, Partnerships and the Contractus Trinus. In: Companies and Company Law in Late Medieval and Early Modern Europe, hg. von Bram Van Hofstraeten und Wim Decock. Löwen 2015, S. 55–90

Decock 2015b = Decock, Wim, Das Gewissensrecht in der reformierten Tradition: Johannes A. Van der Meulen (1635–1702) und sein Tractatus theologico-juridicus. In: Recht, Konfession und Verfassung im 17. Jahrhundert, hg. von Robert von Friedeburg und Mathias Schmoeckel. Berlin 2015, S. 29–52

Decock 2015c = Decock, Wim, Law and the Bible in Spanish Neo-Scholasticism. In: The Oxford Encyclopedia of the Bible and Law, Bd. 2, hg. von Brent Strawn. Oxford/New York 2015, S. 325–331

Decock 2016 = Decock, Wim, Spanish Scholastics on Money and Credit. In: Money in the Western Legal Tradition, hg. von David Fox und Wolfgang Ernst. Oxford 2016, S. 267–283

Decock/Hallebeek 2010 = Decock, Wim und Hallebeek, Jan, Pre-Contractual Duties to Inform in Early Modern Scholasticism. In: Tijdschrift voor Rechtsgeschiedenis 78 (2010), S. 89–133

Decorte 2006 = Decorte, Jos, Eine kurze Geschichte der mittelalterlichen Philosophie. Paderborn 2006

Del Vigo Gutiérrez 1997 = Del Vigo Gutiérrez, Abelardo, Cambistas, mercaderes y banqueros en el siglo de oro español. Madrid 1997

Del Vigo Gutiérrez 2006 = Del Vigo Gutiérrez, Abelardo, Economía y ética en el siglo XVI, Estudio comparativo entre los Padres de la Reforma y la Teología española. Madrid 2006

Delgado 2011 = Delgado, Mariano, Stein des Anstoßes. Bartolomé de Las Casas als Anwalt der Indios. St. Otillien 2011

Deman 1936 = Deman, Thomas, Probabilisme. In: Dictionnaire de théologie catholique, Tome XIII.1. Paris 1936, S. 417–619

Dempf 1937 = Dempf, Alois, Christliche Staatsphilosophie in Spanien. Salzburg 1937

de Rijk 1981 = de Rijk, Lambertus M., Middeleeuwse wijsbegeerte: traditie en vernieuwing. Assen 1981

De Roover 1967 = De Roover, Raymond, San Bernardino of Siena and Sant'Antonino of Florence. The Two Great Economic Thinkers of the Middle Ages. Boston 1967

De Roover 1971 = De Roover, Raymond, La pensée économique des scolastiques: doctrines et méthodes. Montréal 1971

Deuringer 1959 = Deuringer, Karl, Probleme der Caritas in der Schule von Salamanca. Freiburg 1959

Diego Carro (Ed./Übers.) 1967 = Domingo de Soto, De iustitia et iure libri decem/De la justicia y del derecho en diez libros, hg. von Venancio Diego Carro, übers. von Marcelino González Ordóñez. Madrid 1967–1968, 5 Bde.

Dios de Dios 2006 = Dios de Dios, Salustiano, Doctrina jurídica castellana sobre costumbre y prescripción (1480–1640). In: Historia de la propiedad: costumbre y prescripción, hg. von Salustiano Dios de Dios, Javier Infante Miguel Motta, Ricardo Robledo Hernández und Eugenia Torijano Pérez. Madrid 2006, S. 211–282

Döllinger/Reusch (Hg.) 1889 = Geschichte der Moralstreitigkeiten in der römisch-katholischen Kirche seit dem 16. Jahrhundert, mit Beiträgen zur Geschichte und Charakteristik des Jesuitenordens, hg. von Johann Joseph Ignaz von Döllinger und Franz Heinrich Reusch. Nördlingen 1889

Donahue 2001 = Donahue, Charles, Ius in the Subjective Sense in Roman Law: Reflections on Villey and Tierney. In: A Ennio Cortese, Bd. 1, hg. von Domenico Maffei, Italo Birocchi, Mario Caravale, Emanuele Conte und Ugo Petronio. Rom 2001, S. 506–535

Donahue 2005 = Donahue, Charles, A Crisis of Law? Reflections on the Church and the Law over the Centuries. In: The Jurist 65 (2005), S. 1–30

Donahue 2014 = Donahue, Charles, The Role of the Humanists and the Second Scholastic in the Development of European Marriage Law from the Sixteenth to the Nineteenth Centuries. In: Law and Religion. The Legal Teachings of the Protestant and Catholic Reformations, hg. von Wim Decock, Jordan Ballor, Michael Germann und Laurent Waelkens. Göttingen 2014, S. 45–62

Donnelly 1995 = Donnelly, John, The New Religious Orders, 1517–1648. In: Handbook of European History, 1400–1600: Late Middle Ages, Renaissance, and Reformation, hg. von Thomas A. Brady, Heiko A. Oberman und James D. Tracy. Leiden/New York 1995, S. 283–315

Doyle 2007 = Doyle, John P., Hispanic Scholastic Philosophy. In: The Cambridge Companion to Renaissance Philosophy, hg. von James Hankins. Cambridge 2007, S. 250–269

Doyle 2001 = Doyle, John P., Francisco Suárez SJ on Human Rights. In: Menschenrechte: Rechte und Pflichten in Ost und West, hg. von Konrad Wegmann, Wolfgang Ommerborn und Heiner Roetz. Münster 2001, S. 105–132

Dublanchy 1905 = Dublanchy, Edmond, Casuistique. In: Dictionnaire de théologie catholique. Tome 2, hg. von Alfred Vacant, Eugène Mangenot, Emile Amann. Paris 1905, S. 1859–1877

Dürr/Engel/Süßmann (Hg.) 2003 = Eigene und fremde Frühe Neuzeiten. Genese und Geltung eines Epochenbegriffs, hg. von Renate Dürr, Gisela Engel und Johannes Süßmann. München 2003

Dufour 2001 = Dufour, Alfred, Les Magni Hispani dans l'œuvre de Grotius. In: Die Ordnung der Praxis. Neue Studien zur Spanischen Spätscholastik, hg. von Frank Grunert und Kurt Seelmann. Tübingen 2001, S. 351–380

Dufour 2013 = Dufour, Alfred, Droit international et chrétienté: des origines espagnoles aux origines polonaises du droit international. Autour du sermon De bellis justis du canoniste polonais Stanislas de Skarbimierz (1360–1431). In: The Roots of International Law, hg. von Pierre-Marie Dupuy und Vincent Chetail. Leiden/Boston 2013, S. 95–119

Duhr 1907 = Duhr, Berhard, Geschichte der Jesuiten in den Ländern deutscher Zunge im XVI. Jahrhundert. Freiburg im Breisgau 1907

Duve 2008 = Duve, Thomas, La mayor burla del muno? Francisco de Vitoria y el dominium del Papa sobre los bienes de los pobres. In: Ley y dominio en Francisco de Vitoria, hg. von Juan Cruz Cruz. Pamplona 2008, S. 93–106

Duve 2011 = Duve, Thomas, Katholisches Kirchenrecht und Moraltheologie im 16. Jahrhundert: Eine globale normative Ordnung im Schatten schwacher Staatlichkeit. In: Recht ohne Staat? Zur Normativität nichtstaatlicher Rechtsetzung, hg. von Stefan Kadelbach und Klaus Günther. Frankfurt am Main 2011, S. 147–174

Duve 2012 = Duve, Thomas, Von der europäischen Rechtsgeschichte zu einer Rechtsgeschichte Europas in globalhistorischer Perspektive. In: Rechtsgeschichte – Legal History 20 (2012), S. 18–71

Edelheit 2014 = Edelheit, Amos, Scholastic Florence. Moral Psychology in the Quattrocento. Leiden/Boston 2014

Ebbersmeyer 2010 = Ebbersmeyer, Sabrina, Homo agens: Studien zur Genese und Struktur frühhumanistischer Moralphilosophie. Berlin 2010

Errera 2007 = Errera, Andrea, The Role of Logic in the Legal Science of the Glossators and Commentators. In: The Jurists' Philosophy of Law From Rome to the Seventeenth Century, hg. von Andrea Padovani und Peter G. Stein. Dordrecht 2007, S. 79–155

Ertl 2014 = Ertl, Wolfgang, Ludewig Molina and Kant's Libertarian Compatibilism. In: A Companion to Luis de Molina, hg. von Matthias Kaufmann und Alexander Aichele. Leiden/Boston 2014, S. 405–446

Eschweiler 1928 = Eschweiler, Karl, Die Philosophie der spanischen Spätscholastik auf den deutschen Universitäten des 17. Jahrhunderts. In: Spanische Forschungen der Görresgesellschaft 1 (1928), S. 251–325

Fabre/Maire (Hg.) = Les Antijésuites. Discours, figures et lieux de l'antijésuitisme à l'époque moderne, hg. von Pierre-Antoine Fabre und Catherine Maire. Rennes 2010

Falzberger (Ed./Übers.) 1996 = Juan de Mariana, De monetae mutatione (1609), Über die Munzveränderung, herausgegeben, übersetzt und mit Anmerkungen versehen von Josef Falzberger. Heidelberg 1996

Fantappiè 2008 = Fantappiè, Carlo, Chiesa Romana e modernità giuridica. Mailand 2008, 2 Bde.

Fechner 2012 = Fechner, Fabian, Entscheidungsfindung in der Gesellschaft Jesu. Die Provinzkongregationen der Jesuiten in Paraguay (1608–1762). Diss. Doct. Tübingen 2012

Feenstra 1974 = Feenstra, Robert, Impossibilitas and clausula rebus sic stantibus. Some Aspects of Frustration of Contract in Continental Legal History up to Grotius. In: Daube noster, hg. von Alan Watson. Edinburgh/London 1974, S. 77–104

Feenstra 1992 = Feenstra, Robert, Ius commune et droit comparé chez Grotius. Nouvelles remarques sur les sources citées dans ses ouvrages juridiques. In: Rivista internazionale di diritto comune 3 (1992), S. 7–36

Feenstra 1999 = Feenstra, Robert, Expropriation et dominium eminens chez Grotius. In: L'expropriation, Bd. 1, hg. von Laurent Waelkens u. a. Brüssel 1999, S. 133–153

Feld 2008 = Feld, Helmut, Die Franziskaner. Stuttgart 2008

Fernández-Santamaría 2005 und 2006 = Fernández-Santamaría, José, Natural Law, Constitutionalism, Reason of State and War. Counter-reformation Spanish Political Thought. New York 2005–2006, 2 Bde.

Ferronato/Bianchin (Hg.) 2011 = Silete theologi in munere alieno. Alberico Gentili e la Seconda Scolastica, hg. von Marta Ferronato und Lucia Bianchin. Padua 2011

Fidora/Lutz-Bachmann/Wagner (Hg.) 2010 = Lex and Ius. Essays on the Foundation of Law in Medieval and Early Modern Philosophy, hg. von Alexander Fidora, Matthias Lutz-Bachmann und Andreas Wagner. Stuttgart 2010

Filippini 2006 = Filippini, Orietta, La coscienza del re. Juan de Santo Tomas, confessore di Filippo IV di Spagna. Florenz 2006

Finnis 2011 = Finnis, John, Natural Law and Natural Rights. Oxford 2011

Firey 2008 = Firey, Abigail, A New History of Penance. Leiden/Boston 2008

Fleming 2006 = Fleming, Julia A., Defending Probabilism. The Moral Theology of Juan Caramuel. Washington DC 2006

Folgado 1959 = Folgado, Avelino, Los tratados De legibus y De iustitia et iure en los autores españoles del siglo XVI y primera mitad del XVII. In: La Ciudad de Dios 172.3 (1959), S. 275–302

Folgado 1960 = Folgado, Avelino, Evolución histórica del concepto del derecho subjetivo. Estudio especial de los teólogos-juristas del siglo XVI. In: Anuario jurídico y económico escurialense 1 (1960), S. 17–329

Folgado 1961 = Folgado, Avelino, Los derechos del escritor y del artista según los teologos-juristas españoles de la primera mitad del siglo XVII. In: Anuario jurídico y económico escurialense 2 (1961), S. 331–378

Forlivesi 1994 = Forlivesi, Marco, Le edizioni del „Cursus theologicus" di João Poinsot (1589–1644). In: Divus Thomas (Bon.) 97/3 (1994), S. 9–56

Forlivesi 2002 = Forlivesi, Marco, Scotistarum princeps. Bartolomeo Mastri (1602–1673) e il suo tempo. Padua 2002

Forlivesi 2006 = Forlivesi, Marco, A man, an age, a book. In: Rem in seipsa cernere. Saggi sul pensiero filosofico di Bartolomeo Mastri (1602–1673), hg. von Marco Forlivesi. Padua 2006, S. 23–144

Forster 2009 = Forster, Wolfgang, Konkurs als Verfahren. Francisco Salgado de Somoza in der Geschichte des Insolvenzrechts. Köln 2009

Forster 2011 = Forster, Wolfgang, Dominium – Pactum – Usura. Die Rechtswissenschaft der Frühen Neuzeit auf dem Weg in die moderne Kapitalwirtschaft. In: Departure for Modern Europe. A Handbook of Early Modern Philosophy (1400–1700), hg. von Hubertus Busche. Hamburg 2011, S. 504–518

Fraga Iribarne 1947 = Fraga Iribarne, Manuel, Luis de Molina y el derecho de la guerra. Madrid 1947

Friedeburg/Schorn-Schütte (Hg.) 2007 = Politik und Religion. Eigenlogik oder Verzahnung? Europa im 16. Jahrhundert, hg. von Robert von Friedeburg und Luise Schorn-Schütte. Berlin 2007

Friedrich 2011 = Friedrich, Markus, Der lange Arm Roms? Globale Verwaltung und Kommunikation im Jesuitenorden 1540–1773. Frankfurt am Main/New York 2011

Fries 1963 = Fries, Bruno, Forum in der Rechtssprache. München 1963

García-Villoslada 1954 = García-Villoslada, Ricardo, Storia del Collegio Romano dal suo inizio (1551) alla soppressione della Compagnia di Gesù (1773). Rom 1954

Garrán Martínez 2004 = Garrán Martínez, José María, La prohibición de la mendicidad. La controversia entre Domingo de Soto y Juan de Robles en Salamanca (1545). Salamanca 2004

Gay 2011 = Gay, Jean-Pascal, Morales en conflit. Théologie et polémique au Grand Siècle (1640–1700). Paris 2011

Gay 2012 = Gay, Jean-Pascal, Jesuit Civil Wars. Theology, Politics and Government Under Tirso Gonzalez (1687–1705). Farnham/Burlington 2012

Giacon 1944 = Giacon, Carlo, La Seconda Scolastica, Bd. 1: I grandi commentatori di s. Tommaso. Mailand 1944

Giacon 1947 = Giacon, Carlo, La Seconda Scolastica, Bd. 2: Precedenze teoretiche ai problemi giuridici: Toledo, Pereira, Fonseca, Molina, Suarez. Mailand 1947

Giacon 1950 = Giacon, Carlo, La Seconda Scolastica, Bd. 3: I problemi giuridico-politici: Suarez, Bellarmino. Mailand 1950

Giard (Hg.) 1995 = Les Jésuites à la Renaissance. Système éducatif et production du savoir, hg. von Luce Giard. Paris 1995

Giblin 1968 = Giblin, Cathaldus, Hugh MacCaghwell OFM and Scotism at St. Anthony's College, Louvain. In: De doctrina Ioannis Duns Scoti. Acta Congressus Scotistici Internationalis Oxonii et Edimburgi 11–17 sept. 1966 celebrati, Bd. 4: Scotismus decursu saeculorum. Rom 1968, S. 375–397

Giers 1958 = Giers, Joachim, Die Gerechtigkeitslehre des jungen Suárez. Edition und Untersuchung seiner Römischen Vorlesungen De iustitia et iure. Freiburg im Breisgau 1958

Gindhart/Kundert (Hg.) 2010 = Disputatio 1200–1800. Form, Funktion und Wirkung eines Leitmediums universitärer Wissenskultur, hg. von Marion Gindhart und Ursola Kundert. Berlin/New York 2010

Giráldez y Riarola 1898 = Giráldez y Riarola, Joaquin, De las teorías de Derecho político en los escritores españoles de los siglos XVI y XVII. Sevilla 1898

Goering 2008a = Goering, Joseph, The Scholastic Turn (1100–1500). Penitential Theology and Law in the Schools. In: A New History of Penance, hg. von Abigail Firey. Leiden/Boston 2008, S. 219–238

Goering 2008b = Goering, Joseph, The Internal Forum and The Literature of Penance and Confession. In: The History of Medieval Canon Law in the Classical Period, 1140–1234: From Gratian to the Decretals of Pope Gregory IX, hg. von Wilfried Hartmann und Kenneth Pennington. Washington DC 2008, S. 379–428

Gómez Camacho 1981 = Gómez Camacho, Francisco, Luis de Molina. La teoría del justo precio. Madrid 1981

Gómez Camacho 1998 = Gómez Camacho, Francisco, Economía y filosofía moral: la formación del pensamiento económico europeo en la Escolástica española. Madrid 1998

Gómez Camacho/Robledo (Hg.) 1998 = El pensamiento económico en la Escuela de Salamanca. Una visión multidisciplinar, hg. von Francisco Gómez Camacho und Ricardo Robledo. Salamanca 1998

Gordley 1991 = Gordley, James, The Philosophical Origins of Modern Contract Doctrine. Oxford 1991

Gordley 2006 = Gordley, James, Foundations of Private Law. Property, Tort, Contract, Unjust Enrichment. Oxford 2006

Gordley 2013 = Gordley, James, The Jurists: A Critical History. Oxford 2013

Goudriaan 2013 = Goudriaan, Aza, Theology and Philosophy. In: A Companion to Reformed Orthodoxy, hg. von Herman J. Selderhuis. Boston/Leiden 2013, S. 27–63

Grabill (Hg.) 2007 = Sourcebook in Late-Scholastic Monetary Theory: The Contributions of Martín de Azpilcueta, Luis de Molina S.J., and Juan de Mariana S.J., hg. von Stephen John Grabill. Lanham 2007

Grabmann 1909 = Grabmann, Martin, Die Geschichte der scholastischen Methode, Bd. 1. Freiburg im Breisgau 1909

Grane 1962 = Grane, Leif, Contra Gabrielem. Luthers Auseinandersetzung mit Gabriel Biel in der Disputatio Contra Scholasticam Theologiam 1517. Kopenhagen 1962

Gregory 1968 = Johannes Duns Scotus. Opera omnia, Bd. 1 (Nachdruck der Ausgabe Lyon 1639), mit einem Vorwort von Tullio Gregory. Hildesheim 1968

Grice-Hutchinson 1952 = Grice-Hutchinson, Marjorie, The School of Salamanca. Readings in Spanish Monetary Theory 1544–1625. Oxford 1952

Grossi (Hg.) 1973a = La Seconda Scolastica nella formazione del diritto privato moderno, hg. von Paolo Grossi. Mailand 1973

Grossi 1973b = Grossi, Paolo, La proprietà nel sistema privatistico della Seconda Scolastica. In: La Seconda Scolastica nella formazione del diritto privato moderno, hg. von Paolo Grossi. Mailand 1973, S. 117–222

Grunert 2001 = Grunert, Frank, Punienda ergo sunt maleficia. Zur Begründung staatlicher Strafkompetenz in der Spanischen Spätscholastik. In: Die Ordnung der Praxis. Neue Studien zur Spanischen Spätscholastik, hg. von Frank Grunert und Kurt Seelmann. Tübingen 2001, S. 313–332

Grunert 2002 = Grunert, Frank, Die Unterscheidung zwischen delictum publicum und delictum privatum in der Spanischen Spätscholastik. In: Herrschaftliches Strafen seit dem Hochmittelalter. Formen und Entwicklungsstufen, hg. von Hans Schlosser, Rolf Sprandel und Dietmar Willoweit. Köln 2002, S. 421–438

Grunert 2013 = Grunert, Frank, Strafe als Pflicht – Zur Strafrechtslehre von Francisco Suárez. In: Auctoritas omnium legum: Francisco Suárez De legibus zwischen Theologie, Philosophie und Jurisprudenz, hg. von Oliver Bach, Norbert Brieskorn und Gideon Stiening. Stuttgart 2013, S. 255–266

Grunert/Seelmann (Hg.) 2001 = Die Ordnung der Praxis. Neue Studien zur Spanischen Spätscholastik, hg. von Frank Grunert und Kurt Seelmann. Tübingen 2001

Gschwend/Good 2009 = Schwend, Lukas, und Good, Christoph, Die spanische Conquista und die Idee der Menschenrechte im Werk des Bartolomé de Las Casas (1484–1566). In: Zeitschrift der Savigny-Stiftung für Rechtsgeschichte, Kanonistische Abteilung 95 (2009), S. 217–256

Haar/Simmermacher 2014 = Haar, Christoph und Simmermacher, Danaë, The Foundation of the Human Being Regarded as a Legal Entity in the School of Salamanca. Dominium and Ius in the Thought of Vitoria and Molina. In: Jahrbuch für Recht und Ethik 22 (2014), S. 445–483

Habsburg-Lothringen 2007 = Habsburg-Lothringen, Eduard, Das Ende des Neuthomismus. Die 68er, das Konzil und die Dominikaner, Bonn 2007

Hadrossek 1950 = Hadrossek, Paul, Die Bedeutung des Systemgedankens für die Moraltheologie in Deutschland seit der Thomas-Renaissance. München 1950

Häring 1954 = Häring, Bernhard, Das Gesetz Christi: Moraltheologie, dargestellt für Priester und Laien. Freiburg 1954

Hafner/Loretan/Spenlé 2001 = Hafner, Felix/Loretan, Adrian/Spenlé, Christoph, Naturrecht und Menschenrecht. Der Beitrag der Spanischen Spätscholastik zur Entwicklung der Menschenrechte. In: Die Ordnung der Praxis. Neue Studien zur Spanischen Spätscholastik, hg. von Frank Grunert und Kurt Seelmann. Tübingen 2001, S. 123–153

Haggenmacher 1983 = Haggenmacher, Peter, Grotius et la doctrine de la guerre juste. Paris 1983

Hallebeek 1996 = Hallebeek, Jan, The Concept of Unjust Enrichment in Late Scholasticism. Nijmegen 1996

Hallebeek 2010 = Hallebeek, Jan, Specific Performance in Obligations to Do According to Early Modern Spanish Doctrine. In: The Right to Specific Performance. The Historical Development, hg. von Jan Hallebeek und Harry J. Dondorp. Antwerp 2010, S. 57–79

Hamilton 1963 = Hamilton, Bernice, Political Thought in Sixteenth-Century Spain. A Study of the Political Ideas of Vitoria, De Soto, Suárez, and Molina. Oxford 1963

Hankins 2007 = Hankins, James, Humanism, Scholasticism and Renaissance Philosophy. In: The Cambridge Companion to Renaissance Philosophy, hg. von James Hankins. Cambridge 2007, S. 30–48

Hartung 1998 = Hartung, Gerald, Die Naturrechtsdebatte. Geschichte der Obligatio vom 17. bis 20. Jahrhundert. Freiburg/München 1998

Heider 2014 = Heider, Daniel, Universals in Second Scholasticism. A Comparative Study with Focus on the Theories of Francisco Suárez S.J. (1548–1617), João Poinsot O.P. (1589–1644) and Bartolomeo Mastri da Meldola O.F.M. Conv. (1602–1673)/Bonaventura Belluto O.F.M. Conv. (1600–1676). Amsterdam/Philadelphia 2014

Hein 1999 = Hein, Rudolf Branko, ‚Gewissen‘ bei Adrian von Utrecht (Hadrian VI.), Erasmus von Rotterdam und Thomas More. Ein Beitrag zur systematischen Analyse des Gewissensbegriffs in der katholischen nordeuropäischen Renaissance. Münster 1999

Helmholz 2015 = Helmholz, Richard H., Natural Law in Court. A History of Legal Theory in Practice. Cambridge Mass. 2015

Hengst 1981 = Hengst, Karl, Jesuiten an Universitäten und Jesuitenuniversitäten. Zur Geschichte der Universitäten in der Oberdeutschen und Rheinischen Provinz der Gesellschaft Jesu im Zeitalter der konfessionellen Auseinandersetzung. Paderborn/München/Wien/Zürich 1981

Hennig 1966 = Hennig, Gerhard, Cajetan und Luther. Ein historischer Beitrag zur Begegnung von Thomismus und Reformation. Stuttgart 1966

Hentrich 1930 = Hentrich, Wilhelm, Gregor von Valencia und die Erneuerung der deutschen Scholastik im XVI. Jahrhundert. In: Philosophia perennis. Abhandlungen zu ihrer Vergangenheit und Gegenwart, hg. von Fritz Joachim von Rintelen. Regensburg 1930, Bd. 1, S. 291–307

Hernández Martín 1984 = Hernández Martín, Ramón, Derechos Humanos en Francisco de Vitoria. Salamanca 1984

Hilpert (Hg.) 2012 = Christliche Ethik im Porträt. Leben und Werk bedeutender Moraltheologen, hg. von Konrad Hilpert. Freiburg im Breisgau 2012

Hinojosa 1890 = De Hinojosa y Naveros, Eduardo, Influencia que tuvieron en el derecho publico de su patria y singularmente en el derecho penal los filósofos y teólogos españoles anteriores á nuestro siglo. Madrid 1890

Hinojosa 1929 = De Hinojosa y Naveros, Eduardo, Los precursores españoles de Grocio. In: Anuario de Historia del Derecho Español 6 (1929), S. 220–236

Hirschbrich 1959 = Hirschbrich, Ernst, Die Entwicklung der Moraltheologie im Deutschen Sprachgebiet seit der Jahrhundertwende. Wien 1959

Höffner 1941 = Höffner, Joseph, Wirtschaftsethik und Monopole im fünfzehnten und sechzehnten Jahrhundert. Jena 1941

Höffner 1947 = Höffner, Joseph, Christentum und Menschenwürde. Das Anliegen der spanischen Kolonialethik im Goldenen Zeitalter. Trier 1947

Höffner 1955 = Höffner, Joseph, Statik und Dynamik in der scholastischen Wirtschaftsethik. Köln 1955

Hoenen 2003 = Hoenen, Maarten J.F.M., Via antiqua and Via moderna in the Fifteenth Century. Doctrinal, Institutional, and Church Political Factors in the ‚Wegestreit‘. In: The Medieval Heritage in Early Modern Metaphysics and Modal Theory, 1400–1700, hg. von Russell L. Friedman und Lauge Olaf Nielsen. Dordrecht 2003, S. 9–36

Hoenen 2010 = Hoenen, Maarten J.F.M., Thomas von Aquin und der Dominikanerorden. Lehrtraditionen bei den Mendikanten des späten Mittelalters. In: Freiburger Zeitschrift für Philosophie und Theologie 57 (2010), S. 260–285

Höpfl 2004 = Höpfl, Harro, Jesuit Political Thought. The Society of Jesus and the State (c. 1540–1630). Cambridge 2004

Hoffmann (Ed./Übers.) 2012 = Johannes Duns Scotus. Freiheit, Tugenden und Naturgesetz, übersetzt, eingeleitet und mit Anmerkungen versehen von Tobias Hoffmann. Freiburg 2012

Holmes 1981 = Holmes, Peter, Elizabethan Casuistry. London 1981

Holmes (Hg.) 2012 = Caroline Casuistry: The Cases of Conscience of Fr Thomas Southwell, SJ, hg. von Peter Holmes. Woodbridge/Rochester 2012

Holzem 2009 = Holzem, Andreas, Barockscholastik in der Predigt: Kriegsethik, Sündenschuld und der Kampf gegen Trübsal und Verzweiflung. In: Krieg und Christentum, hg. von Andreas Holzem. Paderborn 2009, S. 553–595

Honnefelder 2005 = Honnefelder, Ludger, Johannes Duns Scotus. München 2005

Honnefelder/Möhle/Söder 2000 = Honnefelder, Ludger/Möhle, Hannes/Söder, Joachim, Scholastik. In: Lexikon für Theologie und Kirche 9 (2000), S. 199–202

Horst 1978 = Horst, Ulrich, Papst, Konzil, Unfehlbarkeit. Die Ekklesiologie der Summenkommentare von Cajetan bis Billuart. Mainz 1978

Horst 2000 = Horst, Ulrich, Melchior Cano und Dominicus Báñez über die Autorität der Vulgata. Zur Deutung des Trienter Vulgatadekrets. In: Münchener Theologische Zeitschrift 51(4) (2000), S. 331–351.

Huerga 1972 = Huerga, Alvaro, Escolástica. In: Diccionario de Historia Eclesiástica de España, tom. 2, hg. von Quintín Aldea Vaquero, Tomás Marín Martínez und José Vives Gatel. Madrid 1972

Hurtubise 2005 = Hurtubise, Pierre, La casuistique dans tous ses états. De Martin Azpilcueta à Alphose de Liguori. Ottawa 2005

Isenmann 2008 = Isenmann, Eberhard, Wirtschaftsrecht und Wirtschaftsethik um 1500. Theologische und juristische Konsilien zum Barchenthandel in der Reichsstadt Ulm. In: Akten des 36. Deutschen Rechtshistorikertages, hg. von Rolf Lieberwirth und Heiner Lück. Baden-Baden 2008, S. 195–259

Jansen 2013 = Jansen, Nils, Theologie, Philosophie und Jurisprudenz in der spätscholastischen Lehre von der Restitution. Außervertragliche Ausgleichsansprüche im frühneuzeitlichen Naturrechtsdiskurs. Tübingen 2013

Jansen 2015 = Jansen, Nils, Verwicklungen und Entflechtungen. Zur Verbindung und Differenzierung von Recht und Religion, Gesetz und rechtlicher Vernunft im frühneuzeitlichen Naturrechtsdiskurs. In: Zeitschrift der Savigny-Stiftung für Rechtsgeschichte, Germanistische Abteilung 132 (2015), S. 29–81

Jericó Bermejo 1995 = Jericó Bermejo, Ignacio, Pertenecer a la Iglesia y ser miembro de ella. La importancia de la fe y del bautismo según la Escuela de Salamanca (1559–1584). In: Ciencia tomista 122 (1995), S. 531–575

Jericó Bermejo 2005 = Jericó Bermejo, Ignacio, La Escuela de Salamanca del siglo XVI: una pequeña introducción. Madrid 2005

Jerouschek 2003 = Jerouschek, Günter, Ne crimina remaneant impunita. Auf dass Verbrechen nicht Ungestraft bleiben. Überlegungen zur Begründung öffentlicher Strafverfolgung im Mittelalter. In: Zeitschrift der Savigny-Stiftung für Rechtsgeschichte, Kanonistische Abteilung 89 (2003), S. 323–364

Jonsen/Toulmin 1988 = Jonsen, Albert R. und Toulmin, Stephen E., The Abuse of Casuistry. A History of Moral Reasoning. Berkeley/Los Angeles 1988

Justenhoven 1991 = Justenhoven, Heinz Gerhard, Francisco de Vitoria zu Krieg und Frieden. Stuttgart 1991

Justenhoven/Stüben (Ed./Übers.) 2006 = Kann Krieg erlaubt sein? Eine Quellensammlung zur politischen Ethik der spanischen Spätscholastik, ed. und übers. von Heinz Gerhard Justenhoven und Joachim Stüben. Stuttgart 2006

Kallendorf 2007 = Kallendorf, Hilaire, Conscience on Stage. The Comedia as Casuistry in Early Modern Spain. Toronto 2007

Kaltenborn 1848 = Kaltenborn von Stachau, Carl, Die Vorläufer des Hugo Grotius auf dem Gebiete des Ius Naturae et Gentium sowie der Politik im Reformationszeitalter. Leipzig 1848

Kantola 1994 = Kantola, Ilkka, Probability and Moral Uncertainty in Late Medieval and Early Modern Times. Helsinki 1994

Kaufmann/Schnepf (Hg.) 2007 = Politische Metaphysik, hg. von Matthias Kaufmann und Robert Schnepf. Frankfurt am Main 2007

Kaufmann 2011 = Kaufmann, Mathias, Francisco de Vitorias Beitrag zur Ablösung des ius gentium vom ius naturale. In: Die Normativität des Rechts bei Francisco de Vitoria, hg. von Kirstin Bunge, Anselm Spindler und Andreas Wagner. Stuttgart 2011, S. 393–409

Kaufmann 2014a = Kaufmann, Mathias, Slavery between Law, Morality and Economy. In: A Companion to Luis de Molina, hg. von Matthias Kaufmann und Alexander Aichele. Leiden/Boston 2014, S. 183–226

Kaufmann/Aichele (Hg.) 2014b = A Companion to Luis de Molina, hg. von Matthias Kaufmann und Alexander Aichele. Leiden/Boston 2014

Keenan 1995a = Keenan, James F., The Casuistry of John Mair, Nominalist Professor of Paris. In: The Context of Casuistry, hg. von James F. Keenan und Thomas A. Shannon. Washington DC 1995, S. 85–102

Keenan 1995b = Keenan, James F., William Perkins (1558–1602) and the Birth of British Casuistry. In: The Context of Casuistry, hg. von James F. Keenan und Thomas A. Shannon. Washington DC 1995, S. 105–130

Keenan 1999 = Keenan, James F., Jesuit Casuistry or Jesuit Spirituality? The Roots of Seventeenth-Century British Puritan Practical Divinity. In: The Jesuits: Cultures, Sciences, and the Arts 1540–1773, hg. von John W. O'Malley, Gauvin Alexander Bailey, Steven J. Harris, und T. Frank Kennedy. Toronto 1999, S. 627–640

Keenan 2004 = Keenan, James F., Was William Perkins' Whole Treatise of Cases of Consciences Casuistry? Hermeneutics and British Practical Divinity. In: Contexts of Conscience in Early Modern Europe, 1500–1700, hg. von Harald Braun und Edward Vallance. Basingstoke 2004, S. 56–66

Keenan 2010 = Keenan, James F., A History of Catholic Moral Theology in the Twentieth Century: From Confessing Sins to Liberating Consciences. New York 2010

Kelly 1967 = Kelly, Kevin T., Conscience: Dictator or Guide? A Study in Seventeenth Century English Protestant Moral Theology. London 1967

Kennedy 1912 = Kennedy, Daniel, Thomism. In: The Catholic Encyclopedia, Bd. 14. New York 1912, Sp. 698a-703a

Kennedy 1986 = Kennedy, David, Primitive Legal Scholarship. In: Harvard International Law Journal 27 (1986), S. 1–99

Kleber 2005 = Kleber, Karl-Heinz, Historia docet. Zur Geschichte der Moraltheologie. Münster 2005

Kleinhappl 1935 = Kleinhappl, Johann, Der Staat bei Ludwig Molina. Innsbruck 1935

Klinger 1978 = Klinger, Elmar, Ekklesiologie der Neuzeit. Grundlegung bei Melchior Cano und Entwicklung bis zum Zweiten Vatikanischen Konzil. Freiburg im Breisgau 1978

Kluxen 1988 = Kluxen, Wolfgang, Die geschichtliche Erforschung der mittelalterlichen Philosophie und die Neuscholastik. In: Christliche Philosophie im katholischen Denken des 19. und 20. Jahrhunderts, hg. von Emerich Coreth, Walter M. Neidl und Georg Pfligersdorffer, Bd. 2, Graz/Wien/Köln 1988, S. 362–389.

Knebel 2000 = Knebel, Sven K., Wille, Würfel und Wahrscheinlichkeit. Das System der moralischen Notwendigkeit in der Jesuitenscholastik (1550–1770). Hamburg 2000

Knebel 2001 = Knebel, Sven K., Suarezismus. Erkenntnistheoretisches aus dem Nachlass des Jesuitengenerals Tirso González de Santalla (1624–1705). Amsterdam/Philadelphia 2001

Knebel 2005 = Knebel, Sven K., Casuistry and the Early Modern Paradigm Shift in the Notion of Charity. In: Moral Philosophy on the Threshold of Modernity, hg. von Jill Kraye und Risto Saarinen. Dordrecht 2005, S. 115–139

Köck 1987 = Köck, Heribert Franz, Der Beitrag der Schule von Salamanca zur Entwicklung der Lehre von den Grundrechten. Berlin 1987

Kötz 2012 = Kötz, Stefan, Geldtheorie an der Universität Tübingen um 1500: Die Traktate De potestate et utilitate monetarum des Gabriel Biel (nach 1488/89) und des Johannes Adler gen. Aquila (1516). In: Die Universität Tübingen zwischen Scholastik und Humanismus, hg. von Sönke Lorenz. Ostfildern 2012, S. 117–160

Kohler 1918 = Kohler, Josef, Grundlagen des Völkerrechts. Vergangenheit, Gegenwart, Zukunft. Stuttgart 1918

Kohut 1984 = Kohut, Karl, Die Auseinandersetzung mit dem Humanismus in der Spanischen Scholastik. In: Renaissance und Reformation, hg. von August Buck. Wiesbaden 1984

Koskenniemi 2013 = Koskenniemi, Martti, International Law and the Emergence of Mercantile
    Capitalism. In: The Roots of International Law/Les fondements du droit international, hg. von
    Pierre-Marie Dupuy und Vincent Chetail. Leiden/Boston 2013, S. 3–37.
Kramer 2012 = Kramer, Dewey W., Johann Tetzel's Rebuttal against Luther's Sermon on Indulgen-
    ces and Grace. Atlanta 2012
Krause 1949 = Krause, Otto Wilhelm, Naturrechtler des sechzehnten Jahrhunderts. Ihre Bedeutung
    für die Entwicklung eines natürlichen Privatrechts, Diss. Göttingen 1949. Frankfurt am Main
    1982
Kremer 2008 = Kremer, Markus, Den Frieden verantworten. Politische Ethik bei Francisco Suárez
    (1548–1617). Stuttgart 2008
Kretzmann/Stump (Hg.) 1993 = Cambridge Companion to Aquinas, hg. von Norman Kretzmann und
    Eleonore Stump. Cambridge 1993
Kristeller 1956 = Kristeller, Paul O., Il Petrarca, l'umanesimo e la scolastica a Venezia. In: La Civiltà
    Veneziana del Trecento. Venedig 1956, S. 149–178
Kronen 2014 = Kronen, John, Suárez's Influence on Protestant Scholasticism: The Cases of Hollaz
    and Turretín. In: A Companion to Francisco Suárez, hg. von Victor M. Salas und Robert L.
    Fastiggi. Leiden/Boston 2014, S. 221–247
Lalinde Abadia 1973 = Lalinde Abadia, Jesus, Anotaciones historicistas al iusprivatismo de la
    segunda escolastica. In: La Seconda Scolastica nella formazione del diritto privato moderno.
    Mailand 1973, S. 303–375
Landau 1999 = Landau, Peter, Methoden des kanonischen Rechts in der frühen Neuzeit zwischen
    Humanismus und Naturrecht. In: Zeitschrift für neuere Rechtsgeschichte 21 (1999), S. 7–28
Landau 2001 = Landau, Peter, Spanische Spätscholastik und kanonistische Lehrbuchliteratur. In:
    Die Ordnung der Praxis. Neue Studien zur Spanischen Spätscholastik, hg. von Frank Grunert
    und Kurt Seelmann. Tübingen 2001, S. 403–426
Landau 2008 = Landau, Peter, La influencia de la Escolástica española en la literatura del derecho
    canónico. In: Iudex et magister. Miscelánea en honor al Pbro. Nelson C. Dellaferrera, hg. von
    Thomas Duve. Buenos Aires 2008, S. 217–242
Langholm 1998 = Langholm, Odd I., The Legacy of Scholasticism in Economic Thought. Antece-
    dents of Choice and Power. Cambridge 1998
Langholm 2003 = Langholm, Odd I., The Merchant in the Confessional. Trade and Price in the
    Pre-Reformation Penitential Handbooks. Leiden 2003
Larrainzar 1976 = Larrainzar, Carlos, Una introduccion a Francisco Suarez. Pamplona 1976.
Larson 2014 = Larson, Atria A., Master of Penance. Gratian and the Development of Penitential
    Thought and Law in the Twelfth Century. Washington DC 2014
Lavenia 2003 = Lavenia, Vincenzo, Martin de Azpilcueta (1492–1586). Un profilo. In: Archivio
    italiano per la storia della pietà 16 (2003), S. 15–148
Lavenia 2004 = Lavenia, Vincenzo, L'infamia e il perdono. Tributi, pene e confessione nella teolo-
    gia morale della prima età moderna. Bologna 2004
Lavenia 2014 = Lavenia, Vincenzo, Il catechismo dei soldati. Guerra e cura d'anime in età moderna.
    Bologna 2014
Lawn 1993 = Lawn, Brian, The Rise and Decline of the Scholastic Quaestio Disputata. With Special
    Emphasis on its Use in the Teaching of Medicine and Science. Leiden 1993
Legendre 1980 = Legendre, Pierre, L'inscription du droit canon dans la théologie. Remarques sur
    la seconde scolastique. In: Proceedings of the Fifth International Congress of Medieval Canon
    Law, hg. von Stephan Kuttner und Kenneth Pennington. Vatikanstadt 1980, S. 443–454

Leinsle 1988 = Leinsle, Ulrich G., Die Scholastik der Neuzeit bis zur Aufklärung. In: Christliche Philosophie im katholischen Denken des 19. und 20. Jahrhunderts, hg. von Emerich Coreth, Walter M. Neidl und Georg Pfligersdorffer, Bd. 2, Graz/Wien/Köln 1988, S. 54–69.

Leinsle 1995 = Leinsle, Ulrich G., Einführung in die scholastische Theologie. Paderborn 1995 (übersetzt von Michael J. Miller: Introduction to Scholastic Theology. Washington 2010)

Leinsle 2010 = Leinsle, Ulrich G., Zum jesuitischen Hintergrund der frühen Salzburger Philosophie. Aristotelismen an der Universität Dillingen. In: Der Aristotelismus an den europäischen Universitäten der frühen Neuzeit, hg. von Rolf Darge, Emmanuel J. Bauer und Günter Frank. Stuttgart 2010, S. 137–160

Leites (Hg.) 1988a = Conscience and Casuistry in Early Modern Europe, hg. von Edmund Leites. Cambridge 1988

Leites 1988b = Leites, Edmund, Casuistry and Character. In: Conscience and Casuistry in Early Modern Europe, hg. von Edmund Leites. Cambridge 1988, S. 119–133

Lindberg 1972 = Lindberg, Carter, Prierias and his Significance for Luther's Development. In: The Sixteenth Century Journal 3 (1972), S. 45–64

Lines 2002 = Lines, David, Aristotle's Ethics in the Italian Renaissance (ca. 1300–1650). The Universities and the Problem of Moral Education. Leiden/Boston 2002

Lines/Ebbersmeyer (Hg.) 2013 = Rethinking Virtue, Reforming Society. New Directions in Renaissance Ethics, c. 1350-c. 1650, hg. von David Lines und Sabrina Ebbersmeyer. Turnhout 2013

Lohr 1982 = Lohr, Charles H., The Medieval Interpretation of Aristotle. In: The Cambridge History of Later Medieval Philosophy. From the Rediscovery of Aristotle to the Disintegration of Scholasticism, 1100–1600, hg. von Norman Kretzmann, Anthony Kenny und Jan Pinborg. Cambridge 1988, S. 80–98

Lough 1989 = Lough, John, The Encyclopédie. Genf 1989

Luhmann 1993 = Luhmann, Niklas, Subjektive Rechte. Zum Umbau des Rechtsbewusstseins in der modernen Gesellschaft. In: Luhmann, Niklas, Gesellschaftsstruktur und Semantik, Bd. 2. Frankfurt am Main 1993, S. 45–104

Lutz-Bachmann/Niederberger/Schink (Hg.) 2010 = Kosmopolitanismus. Zur Geschichte und Zukunft eines umstrittenen Ideals, hg. von Matthias Lutz-Bachmann, Andreas Niederberger und Philipp Schink. Weilerswist 2010

Madiski 1974 = Madiski, George, The Scholastic Method in Medieval Education: An Inquiry Into Its Origins in Law and Theology. In: Speculum 49 (1974), S. 640–661

Mahoney 1987 = Mahoney, John, The Making of Moral Theology. Oxford 1987

Maihold 2001 = Maihold, Harald, Systematiker der Häresien – Erinnerung an Alphonso de Castro (1492–1558). In: Zeitschrift der Savigny-Stiftung für Rechtsgeschichte, Kanonistische Abteilung, 118 (2001), S. 523–530

Maihold 2005 = Maihold, Harald, Strafe für fremde Schuld? Die Systematisierung des Strafbegriffs in der Spanischen Spätscholastik und Naturrechtslehre. Köln 2005

Maihold 2014 = Maihold, Harald, God's Wrath and Charity – Criminal Law in (Counter)Reforming Discourse of Redemption and Retribution. In: Law and Religion. The Legal Teachings of the Protestant and Catholic Reformations, hg. von Wim Decock, Jordan Ballor, Michael Germann und Laurent Waelkens. Göttingen 2014, S. 149–173

Mandrella 2004 = Mandrella, Isabelle, Die Autarkie des mittelalterlichen Naturrechts als Vernunftrecht. Gregor von Rimini und das etiamsi Deus non daretur-Argument. In: Herbst des Mittelalters?, hg. von Jan A. Aertsen und Martin Pickavé. Berlin/New York 2004, S. 265–276

Mandrella (Ed./Übers.) 2010 = Gregor von Rimini. Moralisches Handeln und rechte Vernunft. Lectura super secundum Sententiarum, dist. 34–37, übersetzt und eingeleitet von Isabelle Mandrella. Freiburg 2010

Marcocci 2010 = Marcocci, Giuseppe, Teologia e missioni in un impero commerciale: casi di coscienza e sacramenti nell'Asia portoghese, ca. 1550–1600. In: Cristianesimo nella storia 31 (2010), S. 451–482

Marcocci 2014 = Marcocci, Giuseppe, Conscience and Empire. Politics and Moral Theology in the Early Modern Portuguese World. In: Journal of Early Modern History 18 (2014), S. 473–494

Marín y Mendoza 1776 = Marín y Mendoza, Joaquin, Historia del derecho natural y de gentes, Madrid 1776. In: Historia del derecho natural y de gentes, Introducción, hg. von Joaquin Marín y Mendoza. Valencia 1999, S. 89–130

Marques 1995 = Marques, João Francisco, Os jesuítas confessores da corte portuguesa na época barroca, 1550–1700. In: Revista da Faculdade de Letras (Universidade do Porto) 12 (1995), S. 231–270

Martínez Tapia 1997 = Martínez Tapia, Ramón, Filosofía política y derecho en el pensamiento español del s. XVI. El canonista Martín de Azpilcueta. Granada 1997

Maryks 2004 = Maryks, Robert A., Census of the Books Written by Jesuits on Sacramental Confession (1554–1650). In: Annali di Storia moderna e contemporanea 10 (2004), S. 415–519

Maryks 2008 = Maryks, Robert A., Saint Cicero and the Jesuits. The Influence of the Liberal Arts on the Adoption of Moral Probabilism. Aldershot 2008

Mayes = Mayes, Benjamin T.G., Counsel and Conscience. Lutheran Casuistry and Moral Reasoning after the Reformation. Göttingen 2011

Meccarelli 2009 = Meccarelli, Massimo, Ein Rechtsformat für die Moderne, Lex und Iurisdictio in der spanischen Spätscholastik. In: Konfessionalität und Jurisprudenz in der frühen Neuzeit, hg. von Christoph Strohm und Heinrich de Wall. Berlin 2009, S. 285–311

Merl 1947 = Merl, Otho, Theologia Salmanticensis. Untersuchung über Entstehung, Lehrrichtung und Quellen des theologischen Kurses der spanischen Karmeliten. Regensburg 1947

Merzbacher 1960 = Merzbacher, Friedrich, Azpilcueta und Covarruvias, Zur Gewaltendoktrin der spanischen Kanonistik im Goldenen Zeitalter. In: Zeitschrift der Savigny-Stiftung für Rechtsgeschichte, Kanonistische Abteilung 46 (1960), S. 317–344

Mesnard 1936 = Mesnard Pierre, L'essor de la philosophie politique au XVIe siècle. Paris 1936

Meyer 2000 = Meyer, Christoph H.F., Die Distinktionstechnik in der Kanonistik des 12. Jahrhunderts. Ein Beitrag zur Wissenschaftsgeschichte des Hochmittelalters. Löwen 2000

Meyer 2012 = Meyer, Christoph H.F., Kanonistik im Zeitalter von Absolutismus und Aufklärung: Spielräume und Potentiale einer Disziplin im Spannungsfeld von Kirche, Staat und Publizität. In: Max Planck Institute for European Legal History Research Paper Series 6 (2012), S. 1–91

Michaud-Quantin 1962 = Michaud-Quantin, Pierre, Sommes de casuistique et manuels de confession au moyen age (XIIe–XVIe siecles). Löwen 1962

Millet 1968 = Millet, Benignus, Irish Scotists at St. Isidore's College, Rome, in the Seventeenth Century. In: De doctrina Ioannis Duns Scoti. Acta Congressus Scotistici Internationalis Oxonii et Edimburgi 11–17 sept. 1966 celebrati, Bd. 4: Scotismus decursu saeculorum. Rom 1968, S. 399–419

Minges 1912 = Minges, Parthenius, Scotism and Scotists. In: The Catholic Encyclopedia, Bd. 13. New York 1912, Sp. 610a-613a

Mostaza 1967–1968 = Mostaza, Antonio, Forum internum – forum externum, En torno a la naturaleza juridica del fuero interno. In: Revista Española de derecho canonico 23 (1967), S. 274–284, und 24 (1968), S. 339–364.

Motta 2005 = Motta, Franco, Bellarmino. Una teologia politica della Controriforma. Brescia 2005

Müller 2014 = Müller, Daniela, Ketzer und Kirche. Beobachtungen aus zwei Jahrtausenden. Berlin 2014

Müller 1932 = Müller, Michael, Ethik und Recht in der Lehre von der Verantwortlichkeit. Ein Längsschnitt durch die Geschichte der katholischen Moraltheologie. Regensburg 1932

Muller 2003 = Muller, Richard A., Post-Reformation Reformed Dogmatics: The Rise and Development of Reformed Orthodoxy, ca. 1520–1725, Bd. 1: Prolegomena to Theology. Grand Rapids 2003

Muñoz de Juana 1998 = Muñoz de Juana, Rodrigo, Moral y economía en la obra de Martín de Azpilcueta. Pamplona 1998

Negro 2000 = Negro, Paolo, Intorno alle fonti scolastiche in Hugo Grotius. In: Divus Thomas 27 (2000), S. 236–251

Noell 2001 = Noell, Edd S., In Pursuit of the Just Wage: A Comparison of Reformation and Counter-Reformation Economic Thought. In: Journal of the History of Economic Thought 23 (2001), S. 467–489

Novotný 2009 = Novotný, Daniel D., In Defense of Baroque Scholasticism. In: Studia Neoaristotelica 6 (2009), S. 209–233

Novotný 2013 = Novotný, Daniel D., Ens rationis from Suárez to Caramuel: A Study in Scholasticism of the Baroque Era. New York 2013

Nufer 1969 = Nufer, Günther, Über die Restitutionslehre der spanischen Spätscholastiker und ihre Ausstrahlung auf die Folgezeit. München 1969

Nys 1882 = Nys, Ernest, Le droit de la guerre et les précurseurs de Grotius. Brüssel 1882

Nys 1889 = Nys Ernest, Les publicistes espagnols du XVI siècle et les droits des indiens. In: Revue de droit international et de législation comparée 21 (1889) S. 532–560

Nys/Scott (Hg.) 1917 = Francisco de Vitoria, De Indis et De iure belli, hg. von Ernest Nys und James Brown Scott. Washington 1917

O'Banion 2005 = O'Banion, Patrick J., Jerome Zanchi, the Application of Theology, and the Rise of the English Practical Divinity Tradition. In: Renaissance and Reformation/Renaissance et Réforme 29.2–3 (2005), S. 97–120

O'Banion 2012 = O'Banion, Patrick J., The Sacrament of Penance and Religious Life in Golden Age Spain. University Park Pennsylvania 2012

O'Malley 1993 = O'Malley, John W., The First Jesuits. Cambridge Mass. 2003

O'Malley 2013 = O'Malley, John W., Trent. What Happened at the Council. Cambridge Mass. 2013

Oberman (Hg.) 1981 = Gregor von Rimini. Werk und Wirkung bis zur Reformation, hg. von Heiko A. Oberman. Berlin/New York 1981

Olsem 1980 = Olsem, Jean Pierre, Deus in oeconomico. Lessius, Molina, Lugo, artisans de la révolution cartésienne dans la théorie de la valeur. Besançon 1980

Orrego Sánchez 2008 = Orrego-Sanchez, Santiago, The 16th Century School of Salamanca as a Context of Synthesis Between the Middle Ages and the Renaissance in Theological and Philosophical Matters. In: Continuities and Disruptions between the Middle Ages and the Renaissance, hg. von Charles Burnett, José Meirinhos, Jaqueline Hamesse. Louvain-la-Neuve 2008, S. 113–138

Orrego Sánchez 2010 = Orrego-Sanchez, Santiago, Fundamentación metafísica de la pena. Un estudio desde Fray Luis de León. In: Delito y pena en el Siglo de Oro, hg. von Juan Cruz Cruz. Pamplona 2010, S. 81–99

Otte 1964 = Otte, Gerhard, Das Privatrecht bei Francisco de Vitoria. Köln/Graz 1964

Otte 1973 = Otte, Gerhard, Der Probabilismus. Eine Theorie auf der Grenze zwischen Theologie und Jurisprudenz. In: La Seconda Scolastica nella formazione del diritto privato moderno, hg. von Paolo Grossi. Mailand 1973, S. 283–302

Overfield 1984 = Overfield, James H., Humanism and Scholasticism in Late Medieval Germany. Princeton 1984

Pagden 2010 = Pagden, Anthony, Gentili, Vitoria, and the Fabrication of a 'Natural Law of Nations'. In: The Roman Foundations of the Law of Nations. Alberico Gentili and the Justice of Empire, hg. von Benedict Kingsbury and Benjamin Straumann. Oxford 2010

Pagden 2011 = Pagden, Anthony, School of Salamanca. In: The Oxford Handbook of the History of Political Philosophy, hg. von George Klosko. Oxford 2011, S. 246–257

Pagden/Lawrance (Ed./Übers.) 1991 = Francisco de Vitoria: Political Writings, ed. und übers. von Anthony Pagden und Jeremy Lawrance. Cambridge 1991

Panizza 2013 = Panizza, Diego, Political Theory and Jurisprudence in Gentili's De iure belli: The Great Debate Between 'Theological' and 'Humanist' Perspectives from Vitoria to Grotius. In: The Roots of International Law, hg. von Pierre-Marie Dupuy und Vincent Chetail. Leiden/Boston 2013, S. 211–247

Pavur (Hg.) 2005 = The Ratio Studiorum: The Official Plan for Jesuit Education, hg. von Claude Pavur. St. Louis 2005

Peitz 2006 = Peitz, Detlef, Die Anfänge der Neuscholastik in Deutschland und Italien (1818–1870). Bonn 2006

Peleman 1961 = Peleman, Albert, Der Benediktiner Simpert Schwarzhueber (1727–1795), Professor in Salzburg, als Moraltheologe. Regensburg 1961

Pereña 1954 = Pereña, Luciano, La Universidad de Salamanca, forja del pensamiento político español en el siglo XVI. Salamanca 1954

Pereña 1954 = Pereña, Luciano, Teoria de la guerra en Francisco Suarez. Madrid 1954, 2 Bde.

Pereña 1957 = Pereña, Luciano, Diego de Covarrubias y Leyva, maestro de derecho internacional. Madrid 1957

Pereña 1994 = Pereña, Luciano, Die spanische Eroberung Amerikas und das europäische Denken. Die Schule von Salamanca. In: Spaniens Beitrag zum politischen Denken in Europa um 1600, hg. von Reyes Mate und Friedrich Niewöhner. Wiesbaden 1994

Pérez Luño 1994 = Pérez Luño, Antonio Enrique, Die klassische spanische Naturrechtslehre in 5 Jahrhunderten. Berlin 1994

Pérez Martín (Hg.) 2012 = Diego de Covarrubias y Leyva. El humanista y sus libros, hg. von Pérez Martín. Salamanca 2012

Pifferi 2006 = Pifferi, Michele, Generalia delictorum. Il tractatus criminalis di Tiberio Deciani e la parte generale di diritto penale. Mailand 2006

Pihlajamäki 2014 = Pihlajamäki, Heikki, Strafrecht ohne Religion? Ein Blick auf protestantische Länder in der frühen Neuzeit. In: Rechtsgeschichte heute, hg. von Nils Jansen und Peter Oestmann. Tübingen 2014, S. 131–144

Pinckaers 1985 = Pinckaers, Servais, Les sources de la morale chrétienne. Sa méthode, son contenu, son histoire. Freiburg 1985

Pink 2012 = Pink, Thomas, Reason and Obligation in Suárez. In: The Philosophy of Francisco Suárez, hg. von Benjamin Hill und Henrik Lagerlund. Oxford 2012, S. 175–208

Piron (Ed./Übers.) 2012 = Pierre de Jean Olivi, Traité des contrats, ed. und übers. von Sylvain Piron. Paris 2012

Popescu 1997 = Popescu, Oreste, Studies in the History of Latin American Economic Thought. London/New York 1997

Prodi 2003 = Prodi, Paolo, Eine Geschichte der Gerechtigkeit. Vom Recht Gottes zum modernen Rechtsstaat. München 2003

Prodi 2009 = Prodi, Paolo, Settimo non rubare. Furto e mercato nella storia dell'Occidente. Bologna 2009

Prodi 2010 = Prodi, Paolo, Il paradigma tridentino. Un'epoca della storia della Chiesa. Brescia 2010

Prodi/Reinhard (Hg.) 1996 = Il concilio di Trento e il moderno, hg. von Paolo Prodi und Wolfgang Reinhard. Bologna 1996

Prosperi 1996 = Prosperi, Adriano, La confessione e il foro della coscienza. In: Il concilio di Trento e il moderno, hg. von Paolo Prodi und Wolfgang Reinhard. Bologna 1996, S. 225–254

Quantin 2002 = Quantin, Jean-Louis, Le Saint-Office et le probabilisme (1677–1679). Contribution à l'histoire de la théologie morale à l'époque moderne. In: Mélanges de l'Ecole française de Rome. Italie et Méditerranée 114(2) (2002), S. 875–960

Quinto 2001 = Quinto, Riccardo, Scholastica. Storia di un concetto. Padua 2001

Rasilla del Moral 2012 = de la Rasilla y del Moral, Ignacio, The Fascist Mimesis of Spanish International Law and its Vitorian Aftermath, 1939–1953. In: Journal of the History of International Law 14 (2012), S. 207–236

Recaséns Siches 1927 = Recaséns Siches, Luis, La filosofía del derecho de Francisco Suárez, con un estudio sobre sus antecedentes en la Patrística y en la Escolástica. Madrid 1927

Recknagel 2010 = Recknagel, Dominik, Einheit des Denkens trotz konfessioneller Spaltung. Parallelen zwischen den Rechtslehren von Francisco Suárez und Hugo Grotius. Frankfurt am Main 2010

Reibstein 1949 = Reibstein, Ernst, Die Anfänge des neueren Natur- und Völkerrechts. Studien zu den Controversiae illustres des Fernandus Vasquius (1559). Bern 1949

Reibstein 1955 = Reibstein, Ernst, Johannes Althusius als Fortsetzer der Schule von Salamanca. Untersuchungen zur Ideengeschichte des Rechtsstaates und zur altprotestantischen Naturrechtslehre. Karlsruhe 1955

Reinhard 2007 = Reinhard, Wolfgang, Geschichte des modernen Staates von den Anfängen bis zur Gegenwart. München 2007

Reinhardt 2009 = Reinhardt, Nicole, Spin Doctor of Conscience? The Royal Confessor and the Christian Prince. In: Renaissance Studies 23 (2009), S. 568–590

Renoux-Zagamé 1987 = Renoux-Zagamé, Marie-France, Origines théologiques du concept moderne de propriété. Genève 1987

Repgen 2014a = Repgen, Tilman, Ein Schwert in der Verwahrung: Die Auswirkung nachträglich veränderter Umstände im Schuldverhältnis. In: Rechtsgeschichte heute, hg. von Nils Jansen und Peter Oestmann. Tübingen 2014, S. 95–118

Repgen 2014b = Repgen, Tilman, Der Summenkommentar des Francisco de Vitoria. In: Kommentare in Recht und Religion, hg. von David Kästle und Nils Jansen. Tübingen 2014, S. 249–276

Rester 2014 = Rester, Todd, Roman Canon Law in Protestant Reformed Theologians as Both Touchstone and Foil. In: Law and Religion. The Legal Teachings of the Protestant and Catholic Reformations, hg. von Wim Decock, Jordan Ballor, Michael Germann und Laurent Waelkens. Göttingen 2014, S. 174–185

Rexroth 2013 = Rexroth, Frank, Die scholastische Wissenschaft in den Meistererzählungen der europäischen Geschichte. In: Die Aktualität der Vormoderne. Epochenentwürfe zwischen Alterität und Kontinuität, hg. von Klaus Ridder und Steffen Patzold. Berlin 2013, S. 111–134

Rintelen 1903 = Rintelen, Fritz, Leibnizens Beziehungen zur Scholastik. In: Archiv für Geschichte der Philosophie 16 (1903), S. 157–181

Risse 1998 = Risse, Wilhelm, Bibliographia philosophica vetus. Repertorium generale systematicum operum philosophicum usque ad annum MDCCC typis impressorum, Bd. 4: Ethica et politica. Hildesheim 1998

Rittgers 2004 = Rittgers, Ronald K., The Reformation of the Keys, Confession, Conscience, and Authority in Sixteenth-Century Germany. Cambridge Mass. 2004

Robertson 1933 = Robertson, Hector M., Aspects of the Rise of Economic Individualism: A Criticism of Max Weber and his School. Cambridge 1933

Robinet 1980 = Robinet, André, Suárez dans l'œuvre de Leibniz. In: Cuadernos salmantinos de filosofía 7 (1980), S. 191–209

Rodriguez Molinero 1959 = Rodriguez Molinero, Marcelino, Origen español de la ciencia del derecho penal. Alfonso de Castro y su sistema penal. Madrid 1959

Rommen 1926 = Rommen, Heinrich Albert, Die Staatslehre des Franz Suarez. Mönchengladbach 1926

Rosal/García Morales (Hg.) 1961 = Alfonso de Castro, De potestate legis poenalis libri duo (ed. facs. Salamanca 1550), hg. von Juan del Rosal und Justo García Morales. Madrid 1961

Rosemann 2002/2010/2015 = Rosemann, Philipp W., Medieval Commentaries on the Sentences of Peter Lombard, Leiden/Boston 2002/2010/2015, 3 Bde.

Ross 2008 = Ross, Richard J., Puritan Godly Discipline in Comparative Perspective. Legal Pluralism and the Sources of 'Intensity'. In: American Historical Review 113 (2008), S. 975–1002

Ross 2012 = Ross, Richard J., Distinguishing Eternal from Transient Law. Natural Law and the Judicial Laws of Moses. In: Past and Present 217 (2012), S. 79–115

Ross 2015 = Ross, Richard J., Binding in Conscience. Early Modern English Protestants and Spanish Thomists on Law and the Fate of the Soul. In: Law and History Review 22 (2015), S. 803–837

Rossi 2000 = Rossi, Christopher R., Broken Chain of Being: James Brown Scott and the Origins of Modern International Law. Den Haag 2000

Roth 1952 = Roth, Erich, Die Privatbeichte und Schlüsselgewalt in der Theologie der Reformatoren. Gütersloh 1952

Rothbard 1995 = Rothbard, Murray Newton, An Austrian Perspective on the History of Economic Thought. Bd. 1: Economic Thought Before Adam Smith. Cheltenham 1995

Rummel 1995 = Rummel, Erika, The Humanistic-Scholastic Debate in the Renaissance and Reformation. Cambridge 1995

Rusconi 2002 = Rusconi, Roberto, L'ordine dei peccati. La confessione tra Medioevo ed età moderna. Bologna 2002

Saarinen 2011 = Saarinen, Risto, Weakness of Will in Renaissance and Reformation Thought. Oxford 2011

Salas/Fastiggi (Hg.) 2014 = A Companion to Francisco Suárez, hg. von Victor M. Salas und Robert L. Fastiggi. Leiden/Boston 2014

Sánchez Agesta 1959 = Sánchez Agesta, Luis, El concepto de Estado en el pensamiento español del siglo XVI. Madrid 1959

Sastre Varas 2001 = Sastre Varas, Lázaro, Convento de San Esteban. Arte e historia de los Dominicos. León 2001

Sauter 1932 = Sauter, Johannes, Die philosophischen Grundlagen des Naturrechts. Untersuchungen zur Geschichte der Rechts- u. Staatslehre. Wien 1932

Scattola 1999 = Scattola, Merio, Das Naturrecht vor dem Naturrecht. Zur Geschichte des ‚ius naturae' im 16. Jahrhundert. Tübingen 1999

Scattola 2007 = Scattola, Merio, Eine interkonfessionelle Debatte. Wie die Spanische Spatscholastik die politische Theologie des Mittelalters mit der Hilfe des Aristoteles revidierte. In: Politischer Aristotelismus und Religion in Mittelalter und Früher Neuzeit, hg. von Alexander Fidora. Berlin 2007, S. 139–161

Scattola 2009 = Scattola, Merio, Domingo de Soto e la fondazione della Scuola di Salamanca. In: Veritas. Revista de filosofia 54 (2009), S. 52–70

Scattola 2010 = Scattola, Merio, Zu einer europäischen Wissenschaftsgeschichte der Politik. In: Werkstatt politische Kommunikation. Netzwerke, Orte und Sprachen des Politischen, hg. von Christina Antenhofer, Lisa Regazzoni und Astrid von Schlachta, Göttingen 2010

Schatz 2000 = Schatz, Klaus, Tyrannenmord, Potestas indirecta und Staatssouveränität. Widerstandsrecht und Gallikanismus-Problematik Anfang des 17. Jahrhunderts. In: Suche nach Frieden, Politische Ethik in der Frühen Neuzeit II, hg. von Norbert Brieskorn und Markus Riedenauer. Köln 2003, S. 245–257

Schefold (Hg.) 1998 = Vademecum zu zwei Klassikern des spanischen Wirtschaftsdenkens: Martin de Azpilcueta und Luis Ortiz, hg. von Bertram Schefold. Düsseldorf 1998

Schefold (Hg.) 1999 = Vademecum zu einem Klassiker der spätscholastischen Wirtschaftsanalyse: Leonardus Lessius, De iustitia et iure, hg. von Bertram Schefold. Düsseldorf 1999

Schmidinger 1988 = Schmidinger, Heinrich M., Scholastik und Neuscholastik – Geschichte zweier Begriffe. In: Christliche Philosophie im katholischen Denken des 19. und 20. Jahrhunderts, hg. von Emerich Coreth, Walter M. Neidl und Georg Pfligersdorffer, Bd. 2. Graz/Wien/Köln 1988, S. 23–53

Schmidt-Biggemann 2001 = Schmid-Biggemann, Wilhelm, Die Schulphilosophie in den reformierten Territorien. In: Grundriss der Geschichte der Philosophie. Begründet von Friedrich Ueberweg. Völlig neu bearbeitete Ausgabe, Die Philosophie des 17. Jahrhunderts, hg. von Helmut Holzhey, Bd. 4.1. Basel 2001, S. 392–474

Schmitt 1950 = Schmitt, Carl, Der Nomos der Erde im Völkerrecht des Jus Publicum Europaeum. Berlin 1950

Schmitz 1883 = Schmitz, Hermann Joseph, Die Bußbücher und Bußdisziplin der Kirche. Mainz 1883

Schmitz 1990 = Schmitz, Philipp, Probabilismus – das jesuitischste der Moralsysteme. In: Ignatianisch. Eigenart und Methode der Gesellschaft Jesu, hg. von Michael Sievernich und Günther Switek. Freiburg/Basel/Wien 1990, S. 354–368

Schmitz 1992 = Schmitz, Philipp, Kasuistik. Ein wiederentdecktes Kapitel der Jesuitenmoral. In: Theologie und Philosophie 67 (1992), S. 29–59

Schmoeckel 2005 = Schmoeckel, Mathias, Beichtstuhljurisprudenz. In: Handwörterbuch zur deutschen Rechtsgeschichte, Bd. 1. Berlin 2005, Sp. 505–508

Schmoeckel 2008 = Schmoeckel, Mathias, Fragen zur Konfession des Rechts im 16. Jahrhundert am Beispiel des Strafrechts. In: Kommunikation und Transfer im Christentum der Frühen Neuzeit, hg. von Irene Dingel und Wolf-Friedrich Schaufele. Mainz 2008

Schmoeckel 2014 = Schmoeckel, Mathias, Das Recht der Reformation. Die epistemologische Revolution der Wissenschaft und die Spaltung der Rechtsordnung in der Frühen Neuzeit. Tübingen 2014

Schmutz 2000 = Schmutz, Jacob, Bulletin de scolastique moderne (1). In: Revue thomiste 100 (2000), S. 270–341

Schmutz 2002 = Schmutz, Jacob, L'Héritage des Subtils. Cartographie du scotisme de l'âge classique. In: Les Études philosophiques 1 (2002), S. 51–81

Schmutz 2008 = Schmutz, Jacob, Bellum scholasticum. Thomisme et antithomisme dans les débats doctrinaux modernes. In: Revue thomiste 108 (2008), S. 131–182

Schnabel 2010 = Schnabel, Chris, Gregory of Rimini. In: The Stanford Encyclopedia of Philosophy, hg. von Edward N. Zalta (Sommer 2010), http://plato.standford.edu/archives/sum2010/entries/gregory-rimini

Schneemann 1881 = Schneemann, Gerhard, Controversiarum de divinae gratiae liberique arbitrii concordia initia et progressus. Freiburg im Breisgau 1881

Schnyder 2010 = Schnyder, Sibylle, Tötung und Diebstahl. Delikt und Strafe in der gelehrten Strafrechtsliteratur des 16. Jahrhunderts. Köln 2010

Schönberger 1991 = Schönberger, Rolf, Was ist Scholastik? Hildesheim 1991

Schorn-Schütte (Hg.) 2012 = Gelehrte Geistlichkeit – geistliche Gelehrte. Beiträge zur Geschichte des Bürgertums in der Frühneuzeit, hg. von Luise Schorn-Schütte. Berlin 2012

Schrimpf 1996 = Schrimpf, Gangolf, Bausteine für einen historischen Begriff der scholastischen Philosophie. In: Philosophie im Mittelalter, Entwicklungslinien und Paradigmen, hg. von Jan P. Beckmann, Ludger Honnefelder, Gangolf Schrimpf und Georg Wieland. Hamburg 1996, S. 1–25

Schröder 2000 = Schröder, Jan, Die Entstehung des modernen Völkerrechtsbegriffs im Naturrecht der frühen Neuzeit. In: Jahrbuch für Recht und Ethik 8 (2000), S. 47–71

Schüßler 2003 = Schüßler, Rudolf, Moral im Zweifel, Bd. 1: Die scholastische Theorie des Entscheidens unter moralischer Unsicherheit. Paderborn 2003

Schüßler 2006a = Schüßler, Rudolf, Moral Self-Ownership and ius possessionis in Scholastics. In: Transformations in Medieval and Early-Modern Rights Discourse, hg. von Virpi Mäkinen und Petter Korkman. Dordrecht 2006

Schüßler 2006b = Schüßler, Rudolf, Moral im Zweifel, Bd. 2: Die Herausforderung des Probabilismus. Paderborn 2006

Schüßler 2014a = Schüßler, Rudolf, The Economic Thought of Luis de Molina. In: A Companion to Luis de Molina, hg. von Matthias Kaufmann und Alexander Aichele. Leiden/Boston 2014, S. 257–288

Schüßler 2014b = Schüßler, Rudolf, Scholastic Probability as Rational Assertability: The Rise of Theories of Reasonable Disagreement. In: Archiv für Geschichte der Philosophie 96 (2014), S. 202–231

Schumpeter 1954 = Schumpeter, Joseph Alois, History of Economic Analysis, hg. Elizabeth Boody Schumpeter. Oxford 1954

Schwartz 2014 = Schwartz, Daniel, Probabilism Reconsidered: Deference to Experts, Types of Uncertainty, and Medecines. In: Journal of the History of Ideas 75 (2014), S. 373–393

Scott 1928 = Scott, James Brown, El origen español del Derecho internacional moderno. Valladolid 1928

Scott 1934a = Scott, James Brown, The Catholic Conception of International Law. Washington DC 1934

Scott 1934b = Scott, James Brown, The Spanish Origin of International Law. Oxford-London 1934

Scott/Brière 1939 = Scott, James Brown und Brière, Yves de la, Vitoria et Suárez. Contribution des théologiens au droit international moderne. Paris 1939

Scott/Butler 2008 = Scott, James Brown, The Catholic Conception of International Law, reprint with a new introduction by William E. Butler. New York 2008

Seelmann 1979 = Seelmann, Kurt, Die Lehre des Fernando Vazquez de Menchaca vom Dominium. Köln u. a. 1979

Seelmann 2002 = Seelmann, Kurt, Die Relevanz der Theologie. In: Die Durchsetzung des öffentlichen Strafanspruchs. Systematisierung der Fragestellung, hg. von Klaus Lüderssen. Köln 2002, S. 95–103

Seelmann 2007 = Seelmann, Kurt, Selbstherrschaft, Herrschaft über die Dinge und individuelle Rechte in der spanischen Spätscholastik. In: Politische Metaphysik, hg. von Matthias Kaufmann und Robert Schnepf. Frankfurt am Main 2007, S. 43–58

Selzner 2009 = Selzner, Cyril, Les forges des philistins. La problématique d'une casuistique réformée en Angleterre de William Perkins à Jeremy Taylor. In: La casuistique classique, genese, formes, devenir, hg. von Serge Boarini. Saint-Étienne 2009. S. 73–86

Sievernich 2012 = Sievernich, Michael, Recht und Mission in der frühen Neuzeit. Normative Texte im kirchlichen Leben der Neuen Welt. In: Rechtsgeschichte – Legal History 20 (2012), S. 125–137

Sinnema 1993 = Sinnema, David, The Discipline of Ethics in Early Reformed Orthodoxy. In: Calvin Theological Journal 28 (1993), S. 10–44

Skinner 1979 = Skinner, Quentin, The Foundations of Modern Political Thought, Bd. 2: The Age of Reformation. Cambridge 1979

Soder 1973 = Soder, Josef, Francisco Suárez und das Völkerrecht. Grundgedanken zu Staat, Recht und internationalen Beziehungen. Frankfurt am Main 1973

Sommar 2009 = Sommar, Mary E., The Correctores Romani. Gratian's Decretum and the Counter-Reformation Humanists. Zürich/Münster 2009

Southern 1995 = Southern, Richard W., Scholastic Humanism and the Unification of Europe. Volume I: Foundations. Oxford 1995

Sparn 2001 = Sparn, Walter, Die Schulphilosophie in den lutherischen Territorien. In: Grundriss der Geschichte der Philosophie, hg. von Helmut Holzhey, Bd. 4.1. Basel 2001, S. 475–588

Specht 1959 = Specht, Rainer, Zur Kontroverse von Suárez und Vazquez über den Grund der Verbindlichkeit des Naturrechts. In: Archiv für Rechts- und Sozialphilosophie 45 (1959), S. 235–255

Specht 1977 = Specht, Rainer, Materialien zum Naturrechtsbegriff der Scholastik. In: Archiv für Begriffsgeschichte 21 (1977), S. 86–113

Speer/Guldentops (Hg.) 2013 = Das Gesetz – The Law – La Loi, hg. von Andreas Speer und Guy Guldentops. Berlin 2013

Spindler 2015 = Spindler, Anselm, Die Theorie des natürlichen Gesetzes bei Francisco de Vitoria. Stuttgart 2015

Stäudlin 1808 = Stäudlin, Karl Friedrich, Geschichte der christlichen Moral seit dem Wiederaufleben der Wissenschaften. Göttingen 1808

Stintzing 1847 = Stintzing, Johann August Roderich von, Geschichte der populären Literatur des römisch-kanonischen Rechts in Deutschland am Ende des fünfzehnten und im Anfang des sechszehnten Jahrhunderts. Leipzig 1867

Stintzing/Landsberg 1898 = Stintzing Johann August Roderich von und Landsberg, Ernst, Geschichte der deutschen Rechtswissenschaft, Bd. 3/1. München 1898

Stolleis 2011 = Stolleis, Michael, Juristenstand. In: Handwörterbuch zur deutschen Rechtsgeschichte, Bd. 2. Berlin 2011, Sp. 1440–1443

Stolleis 2014 = Stolleis, Michael, Öffentliches Recht in Deutschland. Eine Einführung in seine Geschichte. München 2014

Straumann 2007 = Straumann, Benjamin, Hugo Grotius und die Antike. Römisches Recht und römische Ethik im frühneuzeitlichen Naturrecht. Baden-Baden 2007

Strohm 1996 = Strohm, Christoph, Ethik im frühen Calvinismus. Berlin/New York 1996

Strohm 2008 = Strohm, Christoph, Calvinismus und Recht. Weltanschaulich-konfessionelle Aspekte im Werk reformierter Juristen in der Frühen Neuzeit. Tübingen 2008.

Stüben (Ed./Übers.) 2013 = Francisco de Vitoria über die Gerechtigkeit, ed. und übers. von Joachim Stüben. Stuttgart 2013

Stump 2006 = Stump, Christoph A., The Grotian Theology of International Law. Hugo Grotius and the Moral Foundations of International Relations. Berlin 2006

Tamm 1989 = Tamm, Ditlev, Nolo falcem in alienam messem mittere. Der Dänische Teologe Niels Hemmingsen (1513–1600) aus juristischer Sicht. In: Med lov skal land bygges og andre retshistoriske afhandlinger, hg. von Ditlev Tamm. Kopenhagen 1989, S. 175–184

Tavuzzi 1997 = Tavuzzi, Michael, Prierias: The Life and Works of Silvestro Mazzolini da Prierio (1456–1527). Durham 1997

Tentler 1977 = Tentler, Thomas N., Sin and Confession on the Eve of the Reformation. Princeton 1977

Teodoro 1968 = Teodoro Del Santissimo Sacramento, El curso moral Salmanticense. Estudio histórico y valoración critica. Salamanca 1968

Theiner 1970 = Theiner, Johann, Die Entwicklung der Moraltheologie zur eigenständigen Disziplin. Regensburg 1970

Thieme 1953 = Thieme, Hans, Natürliches Privatrecht und Spätscholastik. In: Zeitschrift der Savigny-Stiftung für Rechtsgeschichte, Germanistische Abteilung 70 (1953), S. 230–266

Thier 2006 = Thier, Andreas, Aristotelisch-scholastische Traditionen und aufklärerisches Rechtsdenken. Zur Gesetzgebungslehre des Christian Thomasius. In: Christian Thomasius (1655–1728). Wegbereiter moderner Rechtskultur und Juristenausbildung, hg. von Heiner Lück. Hildesheim/Zürich/New York 2006, S. 243–265

Thier 2009 = Thier, Andreas, Scholastik. In: Handwörterbuch des Europäischen Privatrechts. Bd. 2: Kauf – Zwingendes Recht, hg. von Jürgen Basedow, Klaus Hopt, Reinhard Zimmermann und Martin Illmer. Tübingen 2009, S. 1370–1373

Thomas 1999 = Thomas, Jeremy, The Intertwining of Law and Theology in the Writings of Grotius. In: Journal of the History of International Law 1 (1999), S. 61–100

Todescan 1973 = Todescan, Franco, Lex, natura, beatitude. Il problema della legge nella scolastica spagnola del sec. XVI. Padua 1973.

Todescan 1983/1987/2001 = Todescan, Franco, Le radici teologiche del giusnaturalismo laico. Il problema della secolarizzazione nel pensiero giuridico di Ugo Grozio/Jean Domat/Samuel Pufendorf. Mailand, 1983/1987/2001, 3 Bde.

Todescan 2003 = Todescan, Franco, Etiamsi daremus. Studi sinfonici sul diritto naturale. Padua 2003

Todescan 2007 = Todescan, Franco, Il problema del diritto naturale fra Seconda Scolastica e giusnaturalismo laico secentesco. Una introduzione bibliografica. In: Iustus ordo e ordine della natura, hg. von Fausto Arici und Franco Todescan. Mailand 2007, S. 1–61

Todescan 2013 = Todescan, Franco, Jus gentium medium est intra jus naturale et jus civile: la double face du droit des gens dans la scolastique espagnole du 16ème siècle. In: The Roots of International Law, hg. von Pierre-Marie Dupuy und Vincent Chetail. Leiden/Boston 2013, S. 121–180

Todeschini 2002 = Todeschini, Giacomo, I mercanti e il tempio. La società cristiana e il circolo virtuoso della ricchezza fra Medioevo ed Età Moderna. Bologna 2002

Tosi 2002 = Tosi, Giuseppe, La Teoria della schiavitù naturale nel dibattito sul Nuovo Mondo (1510–1573): veri Domini o servi a natura? Bologna 2002

Trentman 1982 = Trentman, John A., Scholasticism in the Seventeenth Century. In: The Cambridge History of Later Medieval Philosophy. From the Rediscovery of Aristotle to the Disintegration of Scholasticism 1100–1600, hg. von Norman Kretzmann, Anthony Kenny und Jan Pinborg. Cambridge 1982, S. 818–837

Trueman/Scott Clark (Hg.) 1999 = Protestant Scholasticism. Essays in Reassessment, hg. von Carl R. Trueman und Robert Scott Clark. Carlisle 1999

Trusen 1971 = Trusen, Winfried, Forum internum und gelehrtes Recht im Spätmittelalter, Summae confessorum und Traktate als Wegbereiter der Rezeption. In: Zeitschrift der Savigny-Stiftung für Rechtsgeschichte, Kanonistische Abteilung 57 (1971), S. 83–126

Trusen 1990 = Trusen, Winfried, Zur Bedeutung des geistlichen Forum internum und externum für die spätmittelalterliche Gesellschaft. In: Zeitschrift der Savigny-Stiftung für Rechtsgeschichte, Kanonistische Abteilung 76 (1990), S. 254–285

Truyol y Serra 1947 = Truyol y Serra, Antonio, Die Grundsätze des Staats- und Völkerrechts bei Francisco de Vitoria. Zürich 1947

Truyol y Serra (Hg.) 1988 = Actualité de la pensée juridique de Francisco de Vitoria, hg. von Antonio Truyol y Serra. Brüssel 1988

Tuck 1999 = Tuck, Richard, The Rights of War and Peace. Political Thought and the International Order from Grotius to Kant. Oxford 1999

Turrini 1991 = Turrini, Miriam, La coscienza e le leggi. Morale e diritto nei testi per la confessione delle prima età moderna. Bologna 1991

Turrini 1996 = Turrini, Miriam, Il giudice della coscienza e la coscienza del giudice. In: Il concilio di Trento e il moderno, hg. von Paolo Prodi und Wolfgang Reinhard. Bologna 1996, S. 279–294

Tutino 2010 = Tutino, Stefania, Empire of Souls. Robert Bellarmine and the Christian Commonwealth. Oxford 2010

Tutino 2014 = Tutino, Stefania, Shadows of Doubt. Language and Truth in Post-Reformation Catholic Culture. Oxford 2014

Unterburger 2010 = Unterburger, Klaus, Vom Lehramt der Theologen zum Lehramt der Päpste? Pius XI., die Apostolische Konstitution Deus scientiarum Dominus und die Reform der Universitätstheologie. Freiburg im Breisgau 2010

van Asselt 2013 = van Asselt, Willem J., Reformed Orthodoxy: A Short History of Research. In: A Companion to Reformed Orthodoxy, hg. von Herman J. Selderhuis. Boston/Leiden 2013, S. 11–26

van Asselt/Dekker (Hg.) 2001 = Reformation and Scholasticism. An Ecumenical Enterprise, hg. von Willem J. van Asselt und Eef Dekker. Grand Rapids 2001

van Asselt/Pleizier/Rouwendal/Wisse (Hg.) 2011 = Introduction to Reformed Scholasticism, hg. von Willem J. van Asselt, Theo J. Pleizier, Pieter L. Rouwendal und Maarten Wisse. Grand Rapids 2011

Van Houdt 1995 = Van Houdt, Toon, Money, Time and Labour. Leonardus Lessius and the Ethics of Lending and Interest-Taking. In: Ethical Perspectives 2 (1995), S. 11–27

Van Houdt 1998 = Van Houdt, Toon, Leonardus Lessius over lening, interest en woeker. De iustitia et iure, lib. 2, cap. 20: editie, vertaling en commentaar. Brüssel 1998

Van Hove 1946 = Van Hove, Alfons, De oorsprong van de kerkelijke rechtswetenschap en de scholastiek. Brüssel 1946

van Nifterik 1999 = van Nifterik, Gustaaf, Vorst tussen volk en wet. Over volkssoevereiniteit en rechtsstatelijkheid in het werk van Fernando Vázquez de Menchaca (1512–1569). Rotterdam 1999

Varkemaa 2012 = Varkemaa, Jussi, Conrad Summenhart's Theory of Individual Rights. Leiden/
Boston 2012

Verdross 1937 = Verdross, Alfred, Völkerrecht. Berlin 1937

Vereecke 1986 = Vereecke, Louis, De Guillaume D'Ockham à Saint Alphonse de Liguori, Études
d'histoire de la théologie morale moderne 1300–1787. Rom 1986

Vilches 2010 = Vilches, Elvira, New World Gold: Cultural Anxiety and Monetary Disorder in Early
Modern Spain. Chicago 2010

Villey 1973a = Villey, Michel, Bible et philosophie gréco-romaine, De saint Thomas au droit moderne. In: Dimensions religieuses du droit et notamment sur l'apport de Saint Thomas D'Aquin.
Paris 1973, S. 27–57

Villey 1973b = Villey, Michel, La promotion de la loi et du droit subjectif dans la Seconde Scolastique. In: La Seconda Scolastica nella formazione del diritto privato moderno, hg. von Paolo
Grossi. Mailand 1973, S. 53–72

Villey 1975 = Villey, Michel, La formation de la pensée juridique moderne. Cours d'histoire de la
philosophie du droit. Paris 1975

Wagner 2011 = Wagner, Andreas, Francisco de Vitoria and Alberico Gentili on the Legal Character of
the Global Commonwealth. In: Oxford Journal of Legal Studies 31(3) (2011), S. 565–582

Wasserschleben 1851 = Wasserschleben, Friedrich Wilhelm H., Die Bußordnungen der abendlandi-
schen Kirche. Halle 1851

Weber 1959 = Weber, Wilhelm, Wirtschaftsethik am Vorabend des Liberalismus: Höhepunkt und
Abschluss der scholastischen Wirtschaftsbetrachtung durch Ludwig Molina SJ. Münster 1959

Weijers 2014 = Weijers, Olga, In Search of the Truth. A History of Disputation Techniques from
Antiquity to Early Modern Times. Turnhout 2014

Weisheipl 1967 = Weisheipl, James A., Scholastic Method. In: The New Catholic Encyclopedia,
Bd. 12. New York 1967, S. 1145–1146

Westerman 1998 = Westerman, Pauline C., The Disintegration of Natural Law Theory: Aquinas to
Finnis. Leiden 1998

Whitman 2008 = Whitman, James Q., The Origins of Reasonable Doubt. Theological Roots of the
Criminal Trial. New Haven/London 2008

Wieacker 1967 = Wieacker, Franz, Privatrechtsgeschichte der Neuzeit unter besonderer Berücksichtigung der deutschen Entwicklung. Göttingen 1967

Williams (Hg.) 2003 = The Cambridge Companion to Duns Scotus, hg. von Thomas Williams. Cambridge 2003

Wittreck 2002 = Wittreck, Fabian, Geld als Instrument der Gerechtigkeit. Die Geldrechtslehre des
Hl. Thomas von Aquin in ihrem interkulturellen Kontext. Paderborn 2002

Wood 1952 = Wood, Thomas, English Casuistical Divinity during the Seventeenth Century. London
1952

Zagorin 1990 = Zagorin, Perez, Ways of Lying. Dissimulation, Persecution, and Conformity in Early
Modern Europe. Cambridge Mass./London 1990

Zimmermann 1996 = Zimmermann, Reinhard, The Law of Obligations. Roman Foundations of the
Civilian Tradition. Oxford 1996

Zimmermann 2000 = Zimmermann, Albert, Thomas lesen. Stuttgart 2000

Zorroza (Ed./Übers.) 2006 = Francisco de Vitoria, Contratos y usura, ed. und übers. von Maria
Idoya Zorroza. Pamplona 2006

Zwierlein 2011 = Zwierlein, Cornel, Der gezähmte Prometheus. Feuer und Sicherheit zwischen
Früher Neuzeit und Moderne. Göttingen 2011

15 Sachregister

16 Personenregister

Anmerkungen:
1. Die Namen der unter „4. Quellen" aufgelisteten Autoren wurden nicht in das Personenregister übernommen, sofern sie nicht an anderer Stelle im Text erwähnt sind.
2. Namen noch lebender Wissenschaftler wurden nicht in das Register aufgenommen.

www.ingramcontent.com/pod-product-compliance
Lightning Source LLC
Chambersburg PA
CBHW021153160426
42812CB00078B/693